怎样学好普通话丛书

ZENYANG XUEHAO PUTONGHUA

怎样学好普通话

教育部语言文字应用研究所
国家语委普通话与文字应用培训测试中心 组编

本册主编：陈 晖 蒋冰冰 周 梅
审 读：朱丽红 陶昱霖

中国教育出版传媒集团 语文出版社

·北京·

图书在版编目（ＣＩＰ）数据

怎样学好普通话 / 教育部语言文字应用研究所，国家语委普通话与文字应用培训测试中心组编. -- 北京：语文出版社，2024.11

ISBN 978-7-5187-1665-4

Ⅰ. ①怎… Ⅱ. ①教… ②国… Ⅲ. ①普通话－自学参考资料 Ⅳ. ①H102

中国国家版本馆CIP数据核字(2023)第001603号

责任编辑	白子一　金春梅
装帧设计	刘姗姗
出　　版	🈲语文出版社
地　　址	北京市东城区朝阳门内南小街51号　100010
电子信箱	ywcbsywp@163.com
排　　版	北京九章文化有限公司
印刷装订	北京鑫海金澳胶印有限公司
发　　行	语文出版社　新华书店经销
规　　格	890mm×1240mm
开　　本	A5
印　　张	6.125
字　　数	153千字
版　　次	2024年11月第1版
印　　次	2024年11月第1次印刷
定　　价	28.00元

📞010-65253954(咨询)　010-65251033(购书)　010-65250075(印装质量)

怎样学好普通话丛书编委会

主 任

刘朋建

副主任

王 敏　王翠叶

委 员

陈忠敏　高晓虹　李如龙　李宇明
乔全生　姚喜双　严修鸿　朱晓农

主 编

陈 茜　于 谦

前　言

　　我国宪法规定：国家推广全国通用的普通话。

　　新中国成立以来，在党中央、国务院坚强领导下，普通话推广工作蓬勃发展，取得举世瞩目的成就。2020年全国普通话普及率超过80%，实现了普通话在全国范围内基本普及、语言交际障碍基本消除的历史性目标。新时代新征程，坚定不移推广普及国家通用语言文字，向着全面普及的新目标稳步迈进，要聚焦重点，精准施策，着力解决推广普及不平衡不充分问题，不断提升国家通用语言文字普及程度和质量。为更好满足广大群众学习普通话、提高普通话水平的需求，教育部语言文字应用研究所、国家语委普通话与文字应用培训测试中心联合语文出版社，精心策划和组织编写了这套"怎样学好普通话丛书"。

　　本丛书是一套基础性、大众化的普通话学习用书，包括系统描述普通话语音、词汇、语法等知识的基础读本，以及针对不同方言区的专用读本。在保证内容表述科学规范的前提下，力求语言平实、深入浅出、通俗易懂。没有语言学专业基础的读者，通过学习基础读本，能够对普通话特别是普通话语音有比较系统的了解。不同方言区的读者，通过学习专用读本，可以比较熟练地掌握普通话与方言的对应规律，针对学习重点与难点进行练习，更快更好地提高普通话水平。

应邀参加本丛书编写、审读的专家学者，既有享有盛誉的著名语言学家，也有学有专长的知名专家和优秀青年学者。他们长期从事普通话教育教学及研究，具有扎实的专业理论功底和丰富的实践经验，对推广普通话满怀热忱，对编写和审读工作精益求精，保证了本丛书的科学性、专业性和实用性。谨向他们表示敬意和感谢！

教育部语言文字应用研究所
国家语委普通话与文字应用培训测试中心

目 录

| 第一章 |
普通话概说

一、什么是普通话

（一）普通话的定义

历史上很早就有"普通话"一词了。新中国成立后不久，为了使汉语走向规范化，国家确定了语言文字工作的三大任务：简化汉字、推广普通话、制定和推行汉语拼音方案。1955 年召开的全国文字改革会议和 1956 年国务院发布的《关于推广普通话的指示》，将统一的、规范化的汉语正式定名为"普通话"，并对其进行了比较明确的解释：普通话是以北京语音为标准音，以北方话为基础方言，以典范的现代白话文著作为语法规范的现代汉民族共同语。至此，普通话作为汉民族共同语的定义被正式提出。

（二）普通话是现代汉语的标准语

语音、词汇和语法是语言的三要素，普通话的定义主要从这三个方面来对汉民族共同语进行解释，为汉民族共同语的规范提供了标准和依据。

1. 以北京语音为标准音

这里所说的"北京语音"指的是北京话的语音系统。也就是说，普通话的声母、韵母、声调等与北京话里所包含的声母、韵母、声调等语音系统一致，而不包括北京方言土音。

2. 以北方话为基础方言

这是为普通话词汇的规范提出了总体的范围。汉民族共同语是在北方方言的基础上形成的，北方方言词汇是共同语词汇的基础和主要来源。普通话词汇也不完全限于北方话，还包括其他来源，诸如南方方言中的"搞""名堂"，外来词"休克""啤酒"，网络词语"给力"等，都已被普通话吸纳。经过选择进入普通话的词汇，一般都具有普遍性，且广泛流行。

3. 以典范的现代白话文著作为语法规范

这里说的是普通话语法规范的依据。普通话的语法规范是从"典范的现代白话文著作"中抽象、整理出来的。"典范的现代白话文著作"是指社会公认的现代优秀作品，以及国家发布的各种书面文本。这些著作使用的是经过加工、提炼后的较为规范的书面语言，其语法规范具有代表性，且相对固定，影响广泛，便于遵循和巩固。

（三）普通话是法定的国家通用语言

《中华人民共和国宪法》第十九条规定："国家推广全国通用的普通话。"为了使普通话在社会生活中更好地发挥作用，促进各民族、各地区经济文化交流，2000 年 10 月 31 日我国颁布了《中华人民共和国国家通用语言文字法》，确定普通话为国家通用语言。同时还进一步明确：普通话是国家机关的公务用语，是学校及其他教育机构的教育教学用语，是广播电台、电视台基本的播音用语，提倡公共服务行业以普通话为服务用语。

"国家通用语言"的提出，是在坚持倡导民族平等、语言和谐，肯定各民族语言的前提下，从国家语言规划的高度，以法律的形式突出和保障普通话的通用范围。

总之，普通话是现代汉语的标准语，是国家法定的全国通用语言，在国际上行使着国家语言的职能。

二、普通话是怎么来的

我国幅员辽阔，各地方言不一。《礼记·王制》记载："五方之民，言语不通。"俗语也说"百里不同俗，十里不同音"。然而，作为一个统一的华夏民族，社会政治、经济、文化发展少不了跨地区交际，因此，我国很早就存在能起到大范围沟通作用的共同语。据文献记载，春秋时期我国出现了"雅言"（见《论语·述而》）。"雅言"就是正确、规范的语言，是当时的共同语，主要通行于受过教育的社会阶层。到了汉代，有学者用通用的词汇对各地方言进行解释，出现了和方言相对的"通语"（见扬雄《方言》）。"通语"是指在各地都能通行的语言。雅言和通语都属于古代汉语的共同语。在不同历史时期还有不同的名称。

（一）官话

明代中叶，"官话"一词出现。原本是官吏们所使用的话，通行于各级官场之间。后来这种官场雅语逐渐传播到全国各地，发展成为社会民众打破地区语言隔阂的交际语言。

官话萌发于当时通行最广的北方话。借助宋元以来白话通俗文学语言的影响力，明清时期北方话通过书面形式得到了非常广泛的传播。北京是元、明、清三代都城，是这一时期国家的政治、经济、文化中心，数百年间，北京话优势越来越突出，影响也越来越大。所谓讲官话，大体上就是在书面语的基础上使家乡话尽量向以京音为中心的北方话靠拢。官话没有明确的语音标准，因此官话又有"西南官话""西北官话"和"下江官话"（即江淮官话）等之分，时至今日，这些名称还在延续使用，"官话"成为对北方方言的统称。

随着时间的推移，官话在各方言区之间的沟通作用越来越重要，社会地位日益凸显，并引起了清政府的重视。雍正皇帝曾采取措施推广官话，如下令要求各级官员必须使用官话，在福建、广东两省设立"正音书院"教授官话，把懂官话作为参加科举考试的条件，等等。可见，官话在当时已经是清朝政府官方认定的共同语了。官话的产生为现代汉民族共同语的形成奠定了基础。

（二）国语

国语在官话的基础上形成。1909 年，清政府资政院议员江谦提出把"官话"正名为"国语"。1910 年，清政府设立"国语编审委员会"，国语运动起步。1912 年，中华民国成立，国民政府临时教育会议肯定"国语"这个名称，决定在全国范围内推行国语。随着国语运动的兴起，"国语"作为汉民族共同语的名称开始被广泛接受。

在过去"官话"时期，官话的使用主要是社会大众的自发行为，人们并没有真正认识到官话读音标准化的必要性。而要在全国范围内统一语言，自上而下推广国语，没有一个明确的语音标准是行不通的。在这一历史背景下，确立国语的语音标准成为国语发展的首要任务。因为北京话是一种实际存在的自然语言，北京语音通过官话的传播已经不同程度地影响了中国的大部分地区，学者们经过艰难探索之后，最终明确以北京语音作为国语的标准音。至此，现代汉民族共同语初步形成，并开始走进规范化发展的历史时期。

（三）普通话

普通话是新中国成立后对现代汉民族共同语的法定的、权威的称谓，其定义为："以北京语音为标准音，以北方话为基础方言，以典范的现代白话文著作为语法规范的现代汉民族共同语。"

"普通话"一词从清末就开始提出，本义是指"各省通用之话"，在后来的国语运动、大众语运动等关于汉民族共同语发展的讨论中，普通话一词经常出现，并得到进一步流传和使用。新中国将现代汉民族共同语定名为"普通话"，突出了其"普遍通行"和群众性语言的特点。

相比国语，普通话除了继承"以北京语音为标准音"以外，新增加了"以北方方言为基础方言，以典范的现代白话文著作为语法规范"这两项内容。汉民族共同语的定义，科学揭示了普通话的内涵，体现了新的历史时期汉民族共同语的进一步统一和规范化发展。

三、学习和推广普通话的意义

新中国成立以来，我国坚持把推广普及国家通用语言文字作为国家基本语言政策。经过几十年的努力，截至 2020 年，全国普通话的普及率已达 80.72%，但距离"21 世纪中叶以前，普通话在全国范围内普及，交际中没有方言隔阂"的目标还有很大的差距。推广普通话是一项长期的国家语言政策，学好普通话是我们每个公民应尽的责任。

（一）有利于国家统一和民族团结

"书同文、语同音"是中华民族的千年梦想。我国是一个幅员辽阔、方言众多的国家，汉语有北方方言、吴方言、湘方言、赣方言、客家方言、粤方言、闽方言七大方言区，各大方言区下还有方言片、方言点。我国还是一个多民族、多语言的国家，少数民族使用的语言多达 60 多种，有的民族使用两种或多种语言文字（周庆生，2000）。学习和推广普通话有利于消除方言隔阂，减少不同方言区人们交际的困难；有利于增进各民族、各地区的社会交往，维护国家统一，增强中华民族团结和国家凝聚力。

（二）有利于社会进步和国家发展

国家通用语言文字的规范化、标准化，是保障社会整体效率的一项基础工程，对普及文化教育、发展科学技术、适应现代经济和社会发展具有重要的意义。普通话是普及教育、提升教育水平的重要手段。推广普通话有利于推动中文信息处理的发展和应用，掌握好普通话才能更好地运用计算机等现代科学技术，与世界接轨，为社会服务。推广普通话是实施乡村振兴战略的有力举措，学习和推广普通话在提高劳动力基本素质、促进职业技能提升、增强就业能力、拓展生存空间等方面发挥着重要作用。"普通话改善了中国语言碎片化的状况，架起了政令畅通、信息联通的语言大道。"（李宇明，2019）在综合国力不断提升的今天，我们更需要建设一个与之相适应的语言强国，学习和推广普通话是国家发展和社会进步的现实所需。

（三）有利于提高民族文化素质

语言不仅是人类用于交际和思维的重要工具，也是文化中最为重要的组成部分，承载着人类最为重要的精神文明成果。学习和推广普通话，充分发挥国家通用语言文字的载体作用，有利于传承、弘扬和发展中华优秀传统文化。通过语言对个体的影响和作用，打好中国人的底色，为实现以文育人、以文化人、以文培元、以文铸魂的教育目标服务，提升中华民族的整体文化素质。

（四）有利于促进国际交流与合作

随着我国国际地位和综合国力的提高，普通话在国际交往中发挥着越来越重要的作用。汉语是联合国的六种官方语言之一（另外五种分别是英语、俄语、法语、西班牙语和阿拉伯语）。但是在实际使用中，中文的地位还有待进一步提升。语言是一种权利，也是一种资源。学习和推广普通话，加强汉语国际传播，有助于提升我国的政治地位和国际影响力，有效促进国际交流与合作。

第二章
学习普通话的好帮手——汉语拼音

一、汉字的记音方法

我们一进小学就要学习使用汉语拼音，那么，汉语拼音究竟是什么呢？汉语拼音是一套记音符号，也是一种记音方法，主要用于给汉字注音或者记录汉语语音。历史上出现过多种汉字记音方法，主要可以分为两大类：一是用汉字记音，如直音法、反切法；二是用符号记音，如国语注音字母、汉语拼音和国际音标。

（一）用汉字记音
1. 直音法

直音法是用一个同音字来注音，如"诞，读为但"，"肇，音兆"。直音法使用简单，但却有一定的局限：有的汉字没有同音字，这样就无法注音，如"耍""丢"；有的汉字的同音字比需要注音的字更难认，如"仳"用"嚭"注，用生僻字给常用字注音，有违学习规律。

2. 反切法

反切法是用两个汉字给另一个汉字注音，相对自由。如"缓，胡管切"，这是用"胡"和"管"两个字拼出"缓"字的读音，"胡"是反切上字，与被注音字"缓"的声母相同，"管"是反切下字，与被注音字"缓"的韵母和声调相同。反切法是中国古代最主要的注音法。

（二）用符号记音

1. 国语注音字母和《汉语拼音方案》

用符号记音不仅更加准确，而且不需要识字量，可以使注音彻底摆脱对汉字的依赖。我国历史上有影响的记音符号主要有两类：一是汉字笔画式，以国语注音字母为代表，1918 年由民国政府教育部发布，一直沿用到《汉语拼音方案》发布之前；二是拉丁字母式，以现在通行的《汉语拼音方案》为代表。

2. 国际音标

为了记录和研究人类语言的语音，国际语音学会在 1888 年制定了一套记音符号。这套记音符号就是国际音标，共有一百多个符号，符合"一个符号一个音素，一个音素一个符号"的原则，可以用来记录包括普通话在内的各种语言的语音。一般情况下我们用汉语拼音拼写普通话，在进一步分析普通话的语音时，会使用国际音标进行补充。

二、《汉语拼音方案》及其由来

（一）《汉语拼音方案》

《汉语拼音方案》是由国家制定的汉语拼音字母连同它的拼写规则方案。它是中华人民共和国法定的拼音方案，是世界文献工作中拼写有关中国的专用名词和词语的国际标准，1958 年 2 月由第一届全国人民代表大会第五次会议正式通过并批准公布推行。

《汉语拼音方案》共分为五个部分：

（1）字母表：规定了字母的顺序、名称、体式；

（2）声母表：按照发音部位和发音方法的顺序，列出 21 个辅音声母；

（3）韵母表：列有 39 个韵母和相应拼写规则；

（4）声调符号：规定用符号"一、╱、∨、╲"分别标记阴平、阳平、上声、去声；

（5）隔音符号：隔音符号"'"用以防止音节拼写时可能发生的界限混淆。

（二）《汉语拼音方案》的由来

《汉语拼音方案》是在过去各种记音法的基础上发展起来的。

1. 历史前奏

用字母符号给汉字注音，源于明清时期来中国传教的一些西方传教士。他们为了克服语言障碍，结合西洋的语音学知识，尝试用拉丁字母给汉字注音。

（1）明朝"利、金方案"

1605 年，意大利传教士利玛窦（Matteo Ricci，1552—1610）编写的《西字奇迹》，是最早用罗马字给汉字注音的尝试。1626 年，在利玛窦方案的基础上，法国传教士金尼阁（Nicolas Trigault，1577—1628）完成并出版了《西儒耳目资》。"利、金方案"被视为汉语拉丁字母拼音的源头。

（2）清朝"方言教会罗马字"和"威氏拼音"

1815 年到 1823 年之间，英国传教士马礼逊（Robert Morrison，

1782—1834）编了一部《华英字典》，这是最早的汉英字典，使用的拼音方案称为"方言教会罗马字"，主要适用于广东语音并广为传播。

1867 年，英国大使馆中文秘书威妥玛（Thomas F. Wade，1818—1895）出版了北京官话课本《语言自迩集》，他设计的用拉丁字母拼写中国人名、地名和事物的名称的方法，叫作"威氏拼音"（又称"威妥玛式拼音"）。"威氏拼音"被国际标准化组织使用了一百多年，对后世影响深远。今天，港澳台地区和部分海外华人都还在使用"威氏拼音"，国内一些著名商标、专有名词也仍然沿用"威氏拼音"，如贵州茅台（Kweichow Moutai）、功夫（Chinese Kung Fu）等，我们熟知的北京大学（Peking University）、清华大学（Tsinghua University）的拼写也是以"威氏拼音"为基础的。

2. 汉语拼音运动

鸦片战争以后，中国沦为半殖民地半封建社会。众多爱国知识分子为了救国图存，纷纷提出"开民智、救大局"的政治主张。他们认为，中国贫弱主要是因为汉字繁难，民众识字率低，因此疾声呼吁清政府改革汉字以普及教育，并由此掀起汉语拼音运动。期间，他们创制了很多拼音方案，以下几种具有代表性。

（1）卢戆章《一目了然初阶》（1892）

受"方言教会罗马字"影响，1892 年，卢戆章（1854—1928）出版著作《一目了然初阶》，创制了"中国切音新字"（切音新字厦腔）。"中国切音新字"拼写符号使用的是拉丁字母及其变体，拼写的是厦门、泉州和潮州等地语音。

（2）王照《官话合声字母》（1900）

王照（1859—1933）的《官话合声字母》是我国最早的汉字笔画式（也作偏旁式）拼音方案。王照主张直接用京音统一全国语言，拼写的是官话中影响最大的"京城口音"。官话字母从 1900 年到 1910 年，推行了 10 年，传习到 13 个省，是当时影响最大、推行最广的一种方案。

（3）劳乃宣《合声简字谱》（1905）

劳乃宣（1843—1921）积极支持王照的方案，在官话字母的基础上补充方言字母，拟定了南京、苏州、福建、广东等方言的拼写方案，制成《增订合声简字谱》，统称"合声简字"。王照的官话字母拼写京音，而劳乃宣认为文字简易和语言统一要分阶段进行，先学方言拼音字，再学官话拼音字，这样字母推行速度更快。合声简字颇具影响，但是因为有"分裂语言"之嫌，最终未能正式颁布实行。

（4）朱文熊《江苏新字母》（1906）

朱文熊（1883—1961）主张"利用世界通用的字母适应我国的语音体系"，提出"我国一字者，实英文中之一段音也"的音素分析思想，以及"拼音成字，联字成辞"的书写方法等。他的《江苏新字母》提出了中国人自己制定的第一个音素制拉丁字母拼音方案，虽然在当时现实作用不大，但对后世影响深远。

（5）国语注音字母（1913）

1913 年，民国政府教育部召开读音统一会，选择并确定以古代一些简单的独体汉字作为注音字母，用来拼写大会审定的"标准国音"，1918 年由北洋政府教育部公布，1920 年在全国各地陆续推广。1925 年，注音字母略加修改后用以拼写国语标准音（即北京语音、"新国音"），1930 年改称为"注音符号"。1920 年至 1958 年，注音字母在我国使用了近 40 年时间。

（6）国语罗马字（简称"国罗"）（1928）

1928 年公布的"国语罗马字拼音法式"，也称为"国音字母第二式"（原注音字母为"国音字母第一式"），是一套音素制的拉丁字母式的汉语拼音方案。该方案完全采用拉丁字母，拼法科学灵活。但是因为缺乏政府支持，它的影响远不如注音字母。

（7）北方话拉丁化新文字（简称"北拉"）（1931）

中国的拉丁化新文字是 20 世纪 20 年代末 30 年代初在苏联创制的，目的是在苏联远东地区中国工人中扫除文盲，解决大多数底层大众识字问题。拉丁化新文字是在国语罗马字的基础上制定的，方案简便，容易学习，主张"拼写地方的口音"，作为一种新的文字形式使用。

拉丁化新文字运动一直延续到 1958 年《汉语拼音方案》公布时为止，对中国的文字改革事业，对制定和推广《汉语拼音方案》有重大而深远的意义。

3.《汉语拼音方案》颁布

60 多年的探索和尝试为《汉语拼音方案》的研制奠定了基础，积累了经验。1958 年新中国制定的《汉语拼音方案》出台。《汉语拼音方案》是我国人民对创制汉语记音法和汉字注音法的历史经验的总结，比过去设计的各种记音法和注音法更为完善，受到各界人士和广大群众的热烈欢迎，并得到联合国的认可和使用。

（1）方案性质。《汉语拼音方案》是一套拼写汉字读音的拼音字母和拼音方式，用来给汉字注音，帮助识字，统一读音；《汉语拼音方案》用来推广普通话，进一步加强和巩固了我国政治、经济和文化的统一；《汉语拼音方案》可以帮助少数民族和外国人学习汉语，还可用来音译外国人名、地名和科学技术用语等。

（2）语音标准。《汉语拼音方案》的拼写对象是普通话。《汉语拼音方案》的设计制定是在分析普通话音位系统（即北京音系）的基础上进行的。

（3）字母形式。《汉语拼音方案》采用拉丁字母作为汉语拼音字母，原因有以下几点：拉丁字母是世界上最为通用的字母，便于国际交流；拉丁字母笔画简单，构型清楚，阅读和书写都很方便；在汉语拼音发展史中，拉丁字母多次被用来作为注音符号，在中国有良好的群众基础。

（4）拼音方法。拼音方法音素化。《汉语拼音方案》从普通话语音系统中分析出 32 个不可再分的语音单位——音素，再用 26 个音素化的拉丁字母去拼写不同的音节。字母数量少，标音准确，便于精密分析语音。

三、利用《汉语拼音方案》学习普通话

标注汉字的标准读音是汉语拼音的重要作用。字音准确是学习普通话的基础。我们常常通过听辨和模仿来学习普通话，而掌握了《汉语拼音方案》，就可以借助拼音自学普通话。《汉语拼音方案》既可以帮助我们识字，又可以帮助我们正音，是我们学习普通话的好帮手。

（一）巧学拼音

掌握汉语拼音的 21 个声母、39 个韵母和 4 个声调是学习普通话的前提和基础。利用《汉语拼音方案》，可以让我们更好、更快地掌握声母、韵母、声调的发音。

例如，学习声母关键在于掌握发音部位和发音方法，《声母表》中把发音部位相同的声母排在一起，同时也兼顾发音方法分类。

再比如《韵母表》中韵母的顺序，竖列按照"开、齐、合、撮"四呼排列，横行按韵母内部结构排列，四呼提示了韵母发音时的起始

口型，不同结构类别的韵母也有各自的发音特点和要求。

总之，《汉语拼音方案》可以帮助我们学习拼音时说得准，记得牢。

（二）巧识字音

2013 年国务院公布的《通用规范汉字表》共有 8105 个汉字，其中一级字 3500 个，是常用字集。一般情况下，一个汉字对应一个音节。普通话基本音节约有 400 个，带有声调的音节约有 1300 个。掌握了《汉语拼音方案》中的声母、韵母、声调，熟悉音节的拼读，我们就可以准确而轻松地拼读出所有汉字的普通话读音。

（三）巧正方音

普通话和各地方言都有自己的音位系统，它们之间有相同的地方，也有不同之处；有的差异大，有的差异小。学习普通话时，首先要建立普通话的音位系统，从声、韵、调三个方面全面认识普通话的语音构成，然后通过将我们自幼习得的家乡话与普通话进行对比，发现两者的不同之处，找到学习规律，就会事半功倍。

比如，为什么有些方言区的人会把"发财"读成"huācái"，把"台风"读成"táihūn"？这是因为他们的音系中没有 f 这个声母。这些地区的人学习普通话时既要找准 f 的发音部位和发音方法，又要记住相对应的汉字。

再比如，很多南方人苦于分不清前后鼻音。有些方言区前鼻音和后鼻音互换，比如把"根本 gēnběn"发成"gēngběn"，这样的错误并不影响听话者的理解，所以平时没有太注意。这些地区的人在学习普通话的鼻音韵母时就要重点关注这一类音，重新区分，正确归类。

（四）精准辨音

音素化是《汉语拼音方案》的一个特点，即每个音节可以分析到最小的语音单位——音素。汉语的一个音节由 1 至 4 个音素组成，如"hǎo"这个音节包含了 3 个音素，一个辅音 h 和两个元音 a、o。

"'学习'怎么发成了'协习'？""我的字音为什么听起来不圆润？"如果我们碰到这样的问题，就可以利用音素来对语音进行分析，然后精准正音。"学"的韵母是 üe，"协"的韵母是 ie，两者发音起点不同，一个是撮唇的元音 ü，一个是齐齿的元音 i，掌握了 ü 和 i 的发音要领就能准确分辨韵母 üe 和 ie 了。

字音的饱满、圆润取决于韵母中的主要元音和韵母动程的表现。如 ai 发得像 ei，iao 发得像 iou，an 发得像 en，通过细致的音素分析，就可以发现这种情况是元音 a 开口度不够造成的，把口腔打开就会改善发音。

再比如，"妙 miào"的韵母 iao 由 3 个音素构成，发音时，需要注意韵母中各个元音音色的不同体现。起始元音 i 口型略展，主要元音 a 拉开立起，开口大，最后过渡到韵尾 o，圆唇，发音时要求弱收、到位。总之，通过音素化分析语音，我们学习时就能精准辨音，正确发音。

第三章

声　母

一、普通话有哪些声母

声母是汉语音节开头的辅音，如"搭 dā、答 dá、打 dǎ、大 dà"这 4 个音节开头的"d"。"安 ān、藕 ǒu、饿 è"这样的音节没有辅音声母，叫作"零声母"音节。普通话的声母，包括零声母在内，共有 22 个，列举如下：

b 饱边步	p 怕盘皮	m 门母妙	f 飞冯富
d 到店夺	t 太铁同	n 脑内女	l 来路莲
g 告国跪	k 开葵哭	h 海花红	
j 酒接讲	q 秋全缺	x 新休鞋	
zh 知争招	ch 抽床船	sh 师蛇树	r 人荣日
z 在增嘴	c 词曹醋	s 思散随	

零声母 矮延闻云

普通话 22 个声母中，有 21 个由辅音充当。发辅音时，声道某处对气流有明显的阻碍，不同的阻碍部位和阻碍方式会形成不同的辅音。辅音的发音特征可以从发音部位和发音方法两个方面来描述。

二、声母的发音部位

所谓发音部位，是指气流从口腔通过时受到阻碍的部位。

根据发音时气流在口腔受到阻碍的不同部位，普通话21个辅音声母可以分为7类：

①双唇音　上下唇形成阻碍，有3个：b、p、m。

②唇齿音　下唇向上齿靠拢形成阻碍，有1个：f。

③舌尖前音　舌尖与上齿背形成阻碍，有3个：z、c、s。

④舌尖中音　舌尖与上齿龈形成阻碍，有4个：d、t、n、l。

⑤舌尖后音　舌尖与硬腭前部形成阻碍，有4个：zh、ch、sh、r。

⑥舌面前音　舌面前部与硬腭前部形成阻碍，有3个：j、q、x。

⑦舌面后音（又称舌根音）　舌面后部与软腭或软腭、硬腭交界处形成阻碍，有3个：g、k、h。

以上7类声母中，双唇音和唇齿音以下唇为主动器官，分别与上唇和上齿形成阻碍；舌尖前音、舌尖中音、舌尖后音以舌尖为主动器官，根据上腭阻碍部位的前后相区分；舌面前音和舌根音以舌面为主动器官，舌面前、后与上腭不同部位形成阻碍。

各发音部位见"发音器官示意图"（图3-1）。

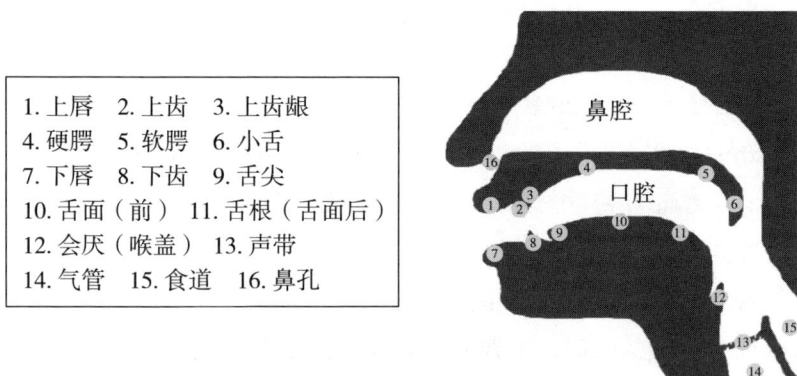

1. 上唇　2. 上齿　3. 上齿龈
4. 硬腭　5. 软腭　6. 小舌
7. 下唇　8. 下齿　9. 舌尖
10. 舌面（前）　11. 舌根（舌面后）
12. 会厌（喉盖）　13. 声带
14. 气管　15. 食道　16. 鼻孔

图3-1　发音器官示意图

三、声母的发音方法

辅音声母的发音方法一般包含三个方面的内容，一是气流通路的阻碍状况，二是声带振动与否，三是气流的强弱。

（一）根据气流通路的阻碍状况分类

气流通路的阻碍状况，可以分为三个阶段：（1）成阻，即阻碍的形成；（2）持阻，即阻碍的持续；（3）除阻，即阻碍的解除。根据气流通路的阻碍状况，普通话21个辅音声母可分为5类：

塞音 发音部位完全闭塞，挡住气流，形成阻碍；除阻时突然解除阻塞，气流迸裂而出，好像爆发的样子，所以又叫"爆发音"。包括：b、p、d、t、g、k。

擦音 阻碍气流的两个发音部位靠近，中间形成一条窄缝，气流从窄缝中摩擦而出。包括：f、h、x、sh、s、r（r的摩擦比较轻微，也有人称为"近音"）。

塞擦音 塞音和擦音两种发音方法的结合。发音部位先完全闭塞，挡住气流，然后打开形成窄缝，气流从缝隙中摩擦而出。包括：j、q、zh、ch、z、c。

鼻音 口腔中的发音部位完全闭塞，挡住气流的口腔通路，同时软腭下垂，鼻腔开放，气流振动声带后从鼻腔通过。包括：m、n。

边音 舌尖抵住上齿龈，形成阻碍，气流振动声带后从舌头前部的两边流出。普通话中的边音只有"l"。

（二）根据声带振动与否分类

根据声带振动与否，普通话21个辅音声母可以分为清音和浊音两类：

清音 发音时，声带松弛，声门敞开，声带不颤动。普通话有17个清音声母：b、p、f、d、t、g、k、h、j、q、x、zh、ch、sh、z、c、s。

浊音 发音时，声带拉紧靠拢，气流的冲动使声带颤动。普通话有4个浊音声母：m、n、l、r。

（三）根据克服阻碍时气流的强弱程度分类

根据克服阻碍时气流的强弱程度，普通话的塞音、塞擦音声母可以分为两类：

送气音 塞音、塞擦音发音时，呼出的气流比较强的叫送气音，例如：p、t、k、q、ch、c。

不送气音 塞音、塞擦音发音时，呼出的气流比较弱的叫不送气音，例如：b、d、g、j、zh、z。

根据发音部位和发音方法，将普通话21个辅音声母排列成下表（表3-1）。

表3-1 普通话辅音声母表

发音方法 \ 发音部位			双唇	唇齿	舌尖前	舌尖中	舌尖后	舌面	舌根
塞音	清	不送气	b			d			g
		送气	p			t			k
塞擦音	清	不送气			z		zh	j	
		送气			c		ch	q	
擦音		清		f	s		sh	x	h
		浊					r		
鼻音		浊	m			n			
边音		浊				l			

— 20 —

四、声母练习

（一）同部位声母练习

1. b p m

包办 bāobàn	斑驳 bānbó	把柄 bǎbǐng	辨别 biànbié
攀爬 pānpá	偏旁 piānpáng	评判 píngpàn	匹配 pǐpèi
埋没 máimò	满目 mǎnmù	密码 mìmǎ	面貌 miànmào

发音提示：b、p 发音时两唇活动相同：双唇闭合，软腭上升，堵住鼻腔通路，声带不颤动，气流到达双唇后蓄气，突然松开双唇，积蓄在口腔中的气流爆破而出成声。b、p 的主要区别在气流的强弱，除阻时 p 透出的气流比 b 强。

m 发音时，双唇闭合，软腭下垂，打开鼻腔通路，声带颤动，气流在双唇受阻后，上升到鼻腔，从鼻腔透出形成鼻音。

2. f

方法 fāngfǎ	防范 fángfàn	反复 fǎnfù	奋发 fènfā

发音提示：下唇接近上齿，形成窄缝，软腭上升，堵塞鼻腔通路，声带不颤动，气流从唇齿间的窄缝摩擦通过而成声。

3. z c s

粽子 zòngzi	坐姿 zuòzī	自责 zìzé	再造 zàizào
仓促 cāngcù	残存 cáncún	草丛 cǎocóng	措辞 cuòcí
思索 sīsuǒ	松散 sōngsǎn	洒扫 sǎsǎo	色素 sèsù

发音提示：z、c、s 发音时声带不颤动。其中 z、c 舌尖活动情况相同：舌尖抵住上齿背，软腭上升，堵塞鼻腔通路，然后突然把舌尖

放松一点儿，气流从窄缝中透出成声；发音时上齿掩住下齿，舌尖下部也接近下齿背。z、c的主要区别在气流的强弱，除阻时c透出的气流比z强。s发音时，上下齿间的距离和z、c相同，舌尖与上齿背接近，形成窄缝，气流从窄缝中摩擦通过而成声。

4. d t n l

担当 dāndāng	得到 dédào	等待 děngdài	调度 diàodù
坍塌 tāntā	逃脱 táotuō	体贴 tǐtiē	探听 tàntīng
男女 nánnǚ	泥泞 nínìng	恼怒 nǎonù	牛奶 niúnǎi
拉练 lāliàn	轮流 lúnliú	履历 lǚlì	料理 liàolǐ

发音提示：d、t、n、l都是舌尖与上齿龈形成阻碍。d、t发音时舌尖活动情况相同：舌尖抵住上齿龈，形成阻塞，软腭上升，堵塞鼻腔通路，积蓄在口腔中的气流冲破阻塞爆破成声，声带不颤动。d、t的主要区别在气流的强弱，除阻时t透出的气流比d强。n、l发音时声带颤动。发n时，舌尖抵住上齿龈，形成阻塞，软腭下垂，打开鼻腔通路，气流在口腔受到阻碍，上升到鼻腔，从鼻腔透出形成鼻音。发l时，舌尖抵住上齿龈，软腭上升，堵塞鼻腔通路，气流从舌的两边通过发声。

5. zh ch sh r

珍珠 zhēnzhū	执照 zhízhào	褶皱 zhězhòu	症状 zhèngzhuàng
车床 chēchuáng	船厂 chuánchǎng	铲除 chǎnchú	赤诚 chìchéng
山水 shānshuǐ	实施 shíshī	手术 shǒushù	税收 shuìshōu
仍然 réngrán	融入 róngrù	软弱 ruǎnruò	柔润 róurùn

发音提示：zh、ch、sh发音时声带不颤动，上下齿稍稍分开。其中zh、ch舌尖活动情况相同：舌尖上翘，抵住硬腭前部，软腭上

升，堵塞鼻腔通路，然后突然把舌尖放松一点儿，气流从窄缝中透出成声。zh、ch 的主要区别在气流的强弱，除阻时 ch 透出的气流比 zh 强。sh 发音时，舌尖上翘，接近硬腭前部，留有窄缝，软腭上升，堵塞鼻腔通路，气流从舌尖和硬腭形成的窄缝中摩擦通过而成声。

r 发音时，上下齿的距离、阻碍形成的部位和方式与 sh 相近，但是摩擦比 sh 弱，发音时声带颤动。

6. j　q　x

坚决 jiānjué	结局 jiéjú	矫健 jiǎojiàn	寂静 jìjìng
亲切 qīnqiè	崎岖 qíqū	请求 qǐngqiú	欠缺 qiànquē
鲜血 xiānxuè	遐想 xiáxiǎng	喜讯 xǐxùn	信息 xìnxī

发音提示：j、q、x 发音时声带不颤动。其中 j、q 舌面活动情况相同：前舌面贴紧硬腭前部，舌尖下垂，软腭上升，堵塞鼻腔通路，然后突然把舌面放松一点儿，让积蓄在口腔阻塞部位的气流从窄缝中透出成声。j、q 主要区别在气流的强弱，除阻时 q 透出的气流比 j 强。x 发音时，前舌面接近硬腭前部，形成窄缝，软腭上升，堵塞鼻腔通路，气流从形成的窄缝中摩擦通过而成声。

7. g　k　h

规格 guīgé	更改 gēnggǎi	巩固 gǒnggù	杠杆 gànggǎn
宽阔 kuānkuò	夸口 kuākǒu	可靠 kěkào	困苦 kùnkǔ
欢呼 huānhū	皇后 huánghòu	火海 huǒhǎi	绘画 huìhuà

发音提示：g、k、h 发音时声带不颤动。其中 g、k 舌面活动情况相同：舌面后部隆起，抵住软腭或者硬腭与软腭交界处，形成阻塞，软腭上升，堵塞鼻腔通路，积蓄在口腔阻塞部位的气流冲破阻

塞爆破成声。g、k的主要区别在气流的强弱，除阻时k透出的气流比g强。h发音时，舌面后部隆起，接近软腭或者硬腭与软腭交界处，形成窄缝，软腭上升，堵塞鼻腔通路，气流从形成的窄缝中摩擦通过而成声。

8.零声母音节

恩爱 ēn'ài	挨饿 ái'è	偶尔 ǒu'ěr	傲岸 ào'àn
压抑 yāyì	沿用 yányòng	养眼 yǎngyǎn	药业 yàoyè
威望 wēiwàng	文物 wénwù	委婉 wěiwǎn	外围 wàiwéi
渊源 yuānyuán	愉悦 yúyuè	孕育 yùnyù	预约 yùyuē

以a、o、e开头的零声母音节连接在其他音节后面的时候，为防止音节的界限发生混淆，用隔音符号"'"隔开，如"皮袄 pí'ǎo"。i、u、ü或以i、u、ü开头的零声母音节，为了避免"词儿"连写时与前一音节划不清界限，将开头的i、u、ü改写为y、w、yu，或者在i前加y，在u前加w。

（二）声母对比练习

1.n与l

n与l发音部位基本相同（l比n部位稍靠后），它们的最大区别是，n从鼻腔出气发音，l从口腔出气发音。

不会发声母n的人，可先把n声母字放在含前鼻音韵母的字后练习，借助前面鼻音韵尾-n的态势带发后面的鼻音声母。例如：

忍耐 rěnnài 门内 ménnèi 温暖 wēnnuǎn 新年 xīnnián 男女 nánnǚ

不会发l的人，最初练习时不要把l声母字放在鼻音韵母或鼻化音后练习，借助气流在口腔中的态势带出后面的l。例如：

阁楼 gélóu 各类 gèlèi 颗粒 kēlì 打猎 dǎliè 法律 fǎlǜ

掌握 n 和 l 的发音要领后，可逐步加大难度，进行 n、l 组合练习、对比练习、绕口令练习，锻炼舌头的灵活性。

（1）词语练习

n—l　年轮 niánlún　　脑力 nǎolì　　　女郎 nǚláng　　　内陆 nèilù

l—n　留念 liúniàn　　冷暖 lěngnuǎn　　老农 lǎonóng　　烂泥 lànní

难住 nánzhù—拦住 lánzhù　　　浓重 nóngzhòng—隆重 lóngzhòng

女伴 nǚbàn—旅伴 lǚbàn　　　　闹灾 nàozāi—涝灾 làozāi

抓挠 zhuānáo—抓牢 zhuāláo　　蜗牛 wōniú—涡流 wōliú

大脑 dànǎo—大佬 dàlǎo　　　　油腻 yóunì—游历 yóulì

（2）绕口令练习

老农和老龙

老龙恼怒闹老农，老农恼怒闹老龙，农恼龙怒农更怒，龙恼农怒龙怕农。

蓝教练不是男教练

蓝教练，女教练，吕教练，男教练。蓝教练不是男教练，吕教练不是女教练。兰南是男篮主力，吕楠是女篮主力。蓝教练在男篮训练兰南，吕教练在女篮训练吕楠。

牛郎恋刘娘

牛郎恋刘娘，刘娘恋牛郎。牛郎年年念刘娘，刘娘年年恋牛郎，郎念娘来娘恋郎。

2. f 与 h

f 与 h 最大的区别在发音部位。发 f 时，下唇抬起接近上齿；发 h 时，舌头后缩，舌面后部抬起接近软腭，下唇应远离上齿，处于开口的状态。

（1）词语练习

f—h　发挥 fāhuī　　妨害 fánghài　　返还 fǎnhuán　　负荷 fùhè

h—f　花费 huāfèi　　豪放 háofàng　　海风 hǎifēng　　焕发 huànfā

发生 fāshēng—花生 huāshēng　　防止 fángzhǐ—黄纸 huángzhǐ

返修 fǎnxiū—缓修 huǎnxiū　　犯病 fànbìng—患病 huànbìng

开方 kāifāng—开荒 kāihuāng　　洪福 hóngfú—洪湖 hónghú

公费 gōngfèi—工会 gōnghuì　　舅父 jiùfù—救护 jiùhù

（2）绕口令练习

黑化肥灰化肥

黑化肥发灰会挥发，灰化肥挥发会发黑。

红饭碗，黄饭碗

红饭碗，黄饭碗，红饭碗盛满碗饭，黄饭碗盛半碗饭，红饭碗给黄饭碗添半碗饭，黄饭碗盛满碗饭，红饭碗盛半碗饭。

风吹灰

风吹灰飞，灰飞花上花堆灰。风吹花灰灰飞去，灰在风里飞又飞。

3. r 与 l

r 与 l 发音时都要颤动声带，发音部位也有些接近。l 发音时，舌尖抵住上齿龈；r 发音时，舌尖上翘至齿龈后部、硬腭前部。一些方言区的人由于找不准 r 的发音部位，舌尖又不习惯上翘，因而发 r 时舌尖往往靠前落到了发 l 时的位置上，可以试着用咬指法来训练舌头后缩、舌尖上翘：把食指放到口中，在大约第一关节处用牙轻轻咬住，然后按 zh、ch、sh 等舌尖后音的发音要领进行发音练习，注意不能让舌头碰到食指，也可以用牙签替代食指进行练习。为了避免碰到口中障碍物，舌头会不自觉地后缩、上翘，经常练习，舌头会慢慢灵活起来。发 r 时，也可用同部位的 sh 带发，即发完 sh 后，舌位不要变动，颤动声带发出浊音 r。

（1）词语练习

r—l　人力 rénlì　　容量 róngliàng　　扰乱 rǎoluàn　　热流 rèliú

l—r　缭绕 liáorào　了然 liǎorán　　落日 luòrì　　利润 lìrùn

柔道 róudào—楼道 lóudào　　扰人 rǎorén—老人 lǎorén

乳汁 rǔzhī—卤汁 lǔzhī　　肉馅儿 ròuxiànr—露馅儿 lòuxiànr

轻柔 qīngróu—青楼 qīnglóu　　必然 bìrán—碧蓝 bìlán

收入 shōurù—收录 shōulù　　衰弱 shuāiruò—衰落 shuāiluò

（2）绕口令练习

肉和豆

肉炒豆，豆炒肉，肉是肉，豆是豆。肉炒豆肉里有豆，豆炒肉豆里有肉。

老饶染布做棉褥

老饶下班儿去染布，染出布来做棉褥。楼口儿有人拦住路，只许出来不许入。如若急着做棉褥，明日上午来送布。离开染店去买肉，回家热锅炖土豆。

4. r 与零声母

r 声母的字，有些方言区的人常丢掉 r 声母读成零声母音节。《通用规范汉字表》（2013）一级字表所收 3500 个常用字中，读 r 声母的字只有以下这些，最好记住它们。

rán 然燃；rǎn 冉染；rāng 嚷（~ ~）；ráng 瓤；rǎng 壤嚷（叫 ~）；ràng 让；ráo 饶；rǎo 扰；rào 绕；rě 惹；rè 热；rén 人壬仁任（姓 ~）；rěn 忍；rèn 刃认任（~ 务）纫韧；rēng 扔；réng 仍；rì 日；róng 戎茸荣绒容蓉溶榕熔融；rǒng 冗；róu 柔揉蹂；ròu 肉；rú 如儒蠕；rǔ 汝乳辱；rù 入褥；ruǎn 软；ruǐ 蕊；ruì 锐瑞；rùn 闰润；ruò 若弱

- 27 -

（1）词语练习

r—零　　然而 rán'ér　　仁爱 rén'ài　　任意 rènyì　　日月 rìyuè

零—r　　安然 ānrán　　温柔 wēnróu　　余热 yúrè　　圆润 yuánrùn

燃料 ránliào—颜料 yánliào　　　　绕道 ràodào—要道 yàodào

染色 rǎnsè—眼色 yǎnsè　　　　　　日历 rìlì—毅力 yìlì

假如 jiǎrú—甲鱼 jiǎyú　　　　　　流入 liúrù—流域 liúyù

温软 wēnruǎn—温婉 wēnwǎn　　　冗余 rǒngyú—勇于 yǒngyú

（2）绕口令练习

人和银

人是人，银是银，人银要分清。银不是人，人不是银，发不清人银弄不清语音。

买油又买肉

老舅进城看老六，老六高兴买油又买肉。买完了油和肉，老六就要走，老板说：“你给了油钱没给肉钱。”老板娘说：“你给了肉钱没给油钱。”老六说：“我给了油钱也给了肉钱。”

5. z、c、s 与 zh、ch、sh

z、c、s 与 zh、ch、sh 发音部位不同，发音时舌头的状态区别很大。z、c、s 也叫平舌音，发音时舌尖向前平伸，抵到上齿背；也可以把舌尖抵到下齿背，用舌叶（舌头静止时候对着齿龈的部分叫作舌叶，舌叶包括舌尖）和齿龈后相阻。发音时上齿掩住下齿，注意舌尖不要放在上下牙齿之间，也不要把舌尖翘起来。

zh、ch、sh 也叫翘舌音，发音时舌尖上翘，舌身后缩，抵到硬腭前部。上下齿稍稍分开，注意舌尖既不要向前平伸，也不要向后卷起来（虽然有人把翘舌音叫卷舌音，但舌尖并不卷起）。

（1）词语练习

z—zh 资助 zīzhù　　杂志 zázhì　　组长 zǔzhǎng　最终 zuìzhōng

zh—z 张嘴 zhāngzuǐ　宅子 zháizi　　准则 zhǔnzé　　著作 zhùzuò

c—ch 操持 cāochí　　辞呈 cíchéng　彩超 cǎichāo　测查 cèchá

ch—c 差错 chācuò　　成才 chéngcái　尺寸 chǐcùn　　唱词 chàngcí

s—sh 私塾 sīshú　　散射 sǎnshè　　所属 suǒshǔ　　丧失 sàngshī

sh—s 输送 shūsòng　神色 shénsè　　深思 shēnsī　　寿司 shòusī

（2）绕口令练习

撕字纸

隔着窗户撕字纸，一次撕下横字纸，一次撕下竖字纸，是字纸撕字纸，不是字纸，不要胡乱撕一地纸。

镇江路上镇江醋

镇江路上镇江醋，镇江名醋出此处。买错出处买错醋，错买次醋味不足。

三山环四水

三山环四水，四水绕三山，三山四水春常在，四水三山四时春。

6. j、q、x 与 zh、ch、sh

j、q、x 与 zh、ch、sh 主要区别在发音部位，j、q、x 发音时舌尖下垂，舌面前部与硬腭前部形成阻碍，zh、ch、sh 发音时舌尖上翘，与硬腭前部形成阻碍。

（1）词语练习

j—zh 焦灼 jiāozhuó　集镇 jízhèn　　简直 jiǎnzhí　君主 jūnzhǔ

zh—j 中间 zhōngjiān　直觉 zhíjué　　主教 zhǔjiào　召集 zhàojí

q—ch 轻触 qīngchù　　囚车 qiúchē　　龋齿 qǔchǐ　　气场 qìchǎng

ch—q 超期 chāoqī　　长裙 chángqún　厂区 chǎngqū　岔气 chàqì

x—sh 消失 xiāoshī 　　学识 xuéshí 　　洗手 xǐshǒu 　　序数 xùshù

sh—x 商学 shāngxué 　　实习 shíxí 　　少许 shǎoxǔ 　　设想 shèxiǎng

（2）绕口令练习

金锯锯金柱

朱家有个金柱子，曲家有个金锯子。曲家的主人，拘住了朱家的举人，金锯子锯断了金柱子。

辛厂长和申厂长

辛厂长，申厂长，同乡不同行。辛厂长天天讲生产，申厂长常常讲思想。辛厂长一心只想革新厂，申厂长总想为职工加薪饷。

7. j、q、x 与 z、c、s

j、q、x 与 z、c、s 主要区别在发音部位，j、q、x 是舌面前部与硬腭前部形成阻碍，发音时注意舌尖下垂，如果不能控制，舌尖总想往前去和上齿背接触，可以把舌尖抵住下齿背，保持不离开。发 z、c、s 时，注意舌尖抵到或接近上齿背。

（1）词语练习

j—z 　夹杂 jiāzá 　　　及早 jízǎo 　　讲座 jiǎngzuò 　剧组 jùzǔ

z—j 　租金 zūjīn 　　　杂交 zájiāo 　　总结 zǒngjié 　造句 zàojù

q—c 　屈才 qūcái 　　　其次 qícì 　　　取餐 qǔcān 　　钱财 qiáncái

c—q 　苍穹 cāngqióng 　瓷器 cíqì 　　　草签 cǎoqiān 　菜畦 càiqí

x—s 　虚岁 xūsuì 　　　习俗 xísú 　　　选送 xuǎnsòng 迅速 xùnsù

s—x 　搜寻 sōuxún 　　　随性 suíxìng 　死心 sǐxīn 　　色系 sèxì

（2）绕口令练习

大嫂子和大小子

一个大嫂子，一个大小子，大嫂子跟大小子比包饺子，看是大嫂子包的饺子好，还是大小子包的饺子好。

一个老僧一本经

一个老僧一本经，一句一行念得清。不是老僧爱念经，不会念经当不了僧。

（三）声母综合练习

采桑

（包含了普通话 21 个辅音声母）

春日起每早，

采桑惊啼鸟。

风过扑鼻香，

花开落，知多少？

（选自周有光《采桑》）

琵琶行

浔阳江头夜送客，枫叶荻花秋瑟瑟。

主人下马客在船，举酒欲饮无管弦。

醉不成欢惨将别，别时茫茫江浸月。

忽闻水上琵琶声，主人忘归客不发。

寻声暗问弹者谁，琵琶声停欲语迟。

移船相近邀相见，添酒回灯重开宴。

千呼万唤始出来，犹抱琵琶半遮面。

转轴拨弦三两声，未成曲调先有情。

弦弦掩抑声声思，似诉平生不得志。

低眉信手续续弹，说尽心中无限事。

轻拢慢捻抹复挑，初为《霓裳》后《六幺》。

（节选自白居易《琵琶行》）

匆匆

　　燕子去了，有再来的时候；杨柳枯了，有再青的时候；桃花谢了，有再开的时候。但是，聪明的，你告诉我，我们的日子为什么一去不复返呢？——是有人偷了他们罢：那是谁？又藏在何处呢？是他们自己逃走了罢：现在又到了哪里呢？

（节选自朱自清《匆匆》）

第四章

韵　母

一、普通话有哪些韵母

韵母是汉语音节结构中声母后面的部分。例如"发达 fādá"中的 a，"想象 xiǎngxiàng"中的 iang。普通话共有韵母 39 个（表 4-1）。

表 4-1　普通话韵母总表

按结构分＼按四呼分	开口呼（15）	齐齿呼（9）	合口呼（10）	撮口呼（5）
单韵母（10）	-i（前）资词四 -i（后）支持日	i 皮地洗益	u 布图古屋	ü 女局需玉
	a 巴打沙杂			
	o 哦			
	e 车个德盒			
	ê 欸			
	er 儿耳二			
复韵母（13）		ia 加霞下鸭	ua 瓜瓦跨滑	
			uo 多笋果阔	
		ie 灭爹街叶		üe 缺学略月
	ai 该抬海麦		uai 乖快甩外	

续表

按四呼分 按结构分	开口呼（15）	齐齿呼（9）	合口呼（10）	撮口呼（5）
	ei 杯泪贼黑		uei 对嘴归胃	
	ao 包老告勺	iao 标条叫药		
	ou 谋偷狗肉	iou 秋油九六		
鼻韵母 （16）	an 搬谈喊岸	ian 边连剪燕	uan 端船管万	üan 捐全选院
	en 奔坟肯恨	in 民金信引	uen 蹲轮滚问	ün 军裙训允
	ang 帮糖胀港	iang 良江抢样	uang 床光谎忘	
	eng 风疼冷政	ing 兵停请硬	ueng 翁瓮	
			ong 东龙总共	iong 穷兄永

以上韵母，根据开头元音的发音口形分成开口呼、齐齿呼、合口呼、撮口呼4类。开口呼韵母不是 i、u、ü 或不以 i、u、ü 起头，共有15个；齐齿呼韵母是 i 或以 i 起头，共有9个；合口呼韵母是 u 或以 u 起头，共有10个（其中 ong 开头元音的实际音值是 u，所以放在合口呼）；撮口呼韵母是 ü 或以 ü 起头，共有5个（其中 iong 开头元音的实际音值是 ü，所以放在撮口呼）。

根据内部结构，普通话39个韵母可以分为单韵母、复韵母、鼻韵母。单韵母由1个元音构成。普通话单韵母共有10个，根据发音时舌头的部位及状态，分为舌面单韵母、舌尖单韵母、卷舌单韵母3类。其中舌面单韵母7个：a、o、e、ê、i、u、ü；舌尖单韵母2个：-i（前）、-i（后）；卷舌单韵母1个：er。

复韵母由2个或3个元音复合而成。普通话共有13个复韵母，根据主要元音（发音最清晰响亮的元音，又叫韵腹）所处位置的不同，复韵母可以分为前响复韵母、后响复韵母、中响复韵母3类。其中前响复韵母4个：ai、ei、ao、ou；后响复韵母5个：ia、ie、ua、uo、 üe；中响复韵母 4 个：iao、iou、uai、uei。

鼻韵母由元音带上鼻辅音构成。普通话鼻韵母共 16 个，其中带前鼻辅音 –n 的前鼻音韵母 8 个：an、en、in、ün、ian、uan、uen、üan，带后鼻辅音 –ng 的后鼻音韵母 8 个：ang、eng、ing、ong、iang、uang、ueng、iong。

二、韵母的发音要领

（一）单韵母发音要领

单韵母由 1 个元音构成。发元音时，口腔要有一定开口度，不使发音器官某两部分产生摩擦。元音的不同音色与舌头的不同状态、舌位的高低、舌位的前后、唇形的圆展等因素密切相关。普通话 10 个单韵母分为以下 3 类：

1. 舌面单韵母

普通话 10 个单韵母中有 7 个是舌面元音。舌面元音的发音要领一般从舌位的高低、前后及唇形的圆展等 3 个方面来描述，可用下面的四角图来直观展示（图 4–1）：

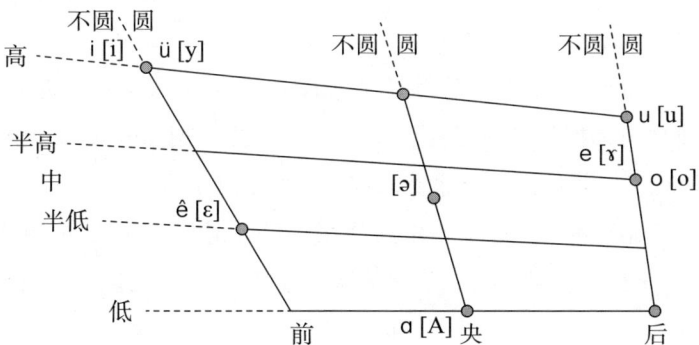

图 4–1　普通话舌面元音图

普通话 7 个舌面元音的舌位、唇形情况描述如下：

α　舌面中部（偏后）微微隆起，舌位最低，口大开，唇形不圆。

o　舌面后部隆起，舌位半高（实际舌位介于半高和半低之间），口微开，上下唇间距离约一食指宽，唇形圆。普通话中，o 只有前面没有辅音声母时才发成单元音，例如"哦、噢"。

e　舌面后部隆起，舌位半高，口半闭，上下齿间距离约一小指宽，唇不圆。

ê　舌面隆起点在前，舌位半低，口半开，上下齿间距离约一拇指宽，唇不圆。除"欸"外，韵母 ê 很少单用，复韵母 ie、üe 中包含这个元音。

i　舌面隆起点在前，舌位高，上下门齿接近，唇形呈扁平状。

u　舌面后部隆起，舌位高，口闭拢，唇形圆。

ü　舌面隆起点在前，舌位高，口闭拢，唇形圆。

2. 舌尖单韵母

普通话舌尖单韵母有两个：–i（前）、–i（后）。

zi、ci、si 的韵母是 –i（前）。发 –i（前）时，舌尖前伸，接近上齿背但保持一定距离，不发生摩擦。把 zī、cī 或 sī 发音拉长，取其后面没有摩擦的部分，便是这个音。

zhi、chi、shi、ri 的韵母是 –i（后）。发 –i（后）时，舌尖上翘，接近硬腭前部但保持一定距离，不发生摩擦。把 zhī、chī、shī 或 rī 发音拉长，取其后面没有摩擦的部分，便是这个音。

–i（前）和 –i（后）不单独使用，只分别与声母 z、c、s 和 zh、ch、sh、r 相拼，学习时一般整体认读直呼音节 zi、ci、si、zhi、chi、shi、ri。

3. 卷舌单韵母

普通话中，卷舌单韵母只有一个 er。学习这个音的时候，应先学好舌面央元音［ə］。［ə］舌位不前不后居央，不高不低居中，唇形不圆。在发［ə］的同时，舌尖轻巧地向硬腭前部一翘（但不接触），即可发出 er 这个音。

（二）复韵母发音要领

复韵母由 2 个或 3 个元音复合而成，在发音过程中，总有一个元音读得比较清晰、响亮，而且发音稍长。由两个元音组成的复韵母中，前面元音清晰响亮的叫"前响复韵母"；后面元音清晰响亮的叫"后响复韵母"；三个元音组成的复韵母一般是中间的元音清晰响亮，叫"中响复韵母"。

1. 前响复韵母

普通话前响复韵母有 4 个：ai、ei、ao、ou。

ai　起点元音比单韵母 a 靠前，舌位向 i 的方向滑动升高，到接近 i 时停止。

ei　起点元音是前半高不圆唇元音［e］，由前元音［e］开始，舌位向 i 的方向滑动升高，到接近 i 时停止。

ao　起点元音比单韵母 a 靠后，从后 a 开始，舌位向 u 的方向滑动升高，唇形逐渐收敛、拢圆，到接近 u 时停止。

ou　起点元音接近央元音［ə］，唇形略圆，从略带圆唇的央元音［ə］开始，舌位向 u 的方向滑动，到接近 u 时停止。

2. 后响复韵母

普通话后响复韵母有 5 个：ia、ie、ua、uo、üe。

ia　起点元音 i 发音紧而短，由 i 开始，舌位下滑到 a 时止，a 发音响而长。

ie　起点元音 i 发音紧而短，由 i 开始，舌位下滑到接近 ê 时止，ê 发音响而长。

ua　起点元音 u 发音紧而短，由 u 开始，舌位下滑到 a 时止，a 发音响而长。唇形由最圆逐步展开到不圆。

uo　起点元音 u 发音紧而短，由 u 开始，舌位下滑到 o（实际舌位略低于 o）时止，o 发音响而长。发音过程中始终圆唇，开头最圆，结尾唇形开度加大。

üe　起点元音 ü 发音紧而短，由 ü 开始，舌位下滑到接近 ê 时止，ê 发音响而长。唇形由圆逐步展开到不圆。

3. 中响复韵母

普通话中响复韵母有 4 个：iao、iou、uai、uei。

iao　前响复韵母 ao 前面增加一段由 i 开始的发音动程。由 i 开始，舌头后缩，舌位降低至后元音 a，再逐渐上升到接近 u 时停止，唇形逐渐拢圆。

iou　前响复韵母 ou 前面增加一段由 i 开始的发音动程。由 i 开始，舌位降至央元音 [ə]，然后再向 u 的方向滑动，到接近 u 时止。

uai　前响复韵母 ai 前面增加一段由 u 开始的发音动程。由 u 开始，舌位向前滑降到前低不圆唇元音 [a]（即前 [a]），然后再向 i 的方向滑动升高，到接近 i 时止。

uei　前响复韵母 ei 前面增加一段由 u 开始的发音动程。由 u 开始，舌位向前向下滑到接近前半高不圆唇元音 [e] 的位置，然后再向 i 的方向滑动升高，到接近 i 时止。

（三）鼻韵母发音要领

鼻韵母由元音同鼻辅音复合而成。普通话的鼻韵母有两类，带鼻辅音 –n 的称作"前鼻音韵母"，带鼻辅音 –ng 的称作"后鼻音韵母"。

1. 前鼻音韵母

普通话前鼻音韵母有 8 个：an、ian、uan、üan、en、in、uen、ün。

8 个前鼻音韵母可分为两组，第一组 an、ian、uan、üan，第二组 en、in、uen、ün，每组都有开齐合撮 4 种口形。

an、ian、uan、üan　从汉语拼音的书写形式看，主要元音都为 a，但由于前后元音的协调作用，实际读音略有不同。an 和 uan 中的 a 实际音值比单韵母 a 靠前，ian 和 üan 中的 a 舌位有提高，接近 ê。

en、in、uen、ün　从汉语拼音的书写形式看，en 和 uen 主要元音相同，in 和 ün 主要元音不同。从实际发音来说，en 和 uen 主要元音是舌位居央、中的元音 e［ə］，in 和 ün 在从 i、ü 到鼻音韵尾 –n 的中间都有一个比较短暂的央、中的元音 e［ə］，如果把这两个韵母的发音拖长，就能够觉察到 e［ə］的存在。

2. 后鼻音韵母

普通话后鼻音韵母有 8 个：ang、iang、uang、eng、ing、ong、ueng、iong。

8 个后鼻音韵母可分为两组，第一组 ang、iang、uang，第二组 eng、ing、ong、ueng、iong。

第一组主要元音 a 的实际音值比单韵母 a 靠后，只有开口呼、齐齿呼、合口呼，没有撮口呼。

第二组 eng 的主要元音为央、中元音 e［ə］，实际比央、中元音 e［ə］略低略后，比较"分 fēn"和"风 fēng"便能感觉到两者的细微差别。ing 从汉语拼音的书写形式看，主要元音是 i，实际发音中 i 和 –ng 之间有一个短暂的［ə］。ong 从汉语拼音的书写形式看是开口呼，但开头元音的实际发音接近 u，ong 只能与辅音声母搭配。ueng 只出现在零声母音节中。iong 的实际发音以圆唇的 ü 开头。

三、韵母练习

（一）单韵母练习

1. **舌面单韵母 a、o、e、i、u、ü**

沙发 shāfā	打杂 dǎzá	马达 mǎdá	大坝 dàbà
泼墨 pōmò	磨破 mópò	勃勃 bóbó	默默 mòmò
苛刻 kēkè	合格 hégé	折射 zhéshè	色泽 sèzé
低级 dījí	奇迹 qíjì	洗礼 xǐlǐ	议题 yìtí
初步 chūbù	福禄 fúlù	鼓舞 gǔwǔ	数目 shùmù
区域 qūyù	渔具 yújù	语序 yǔxù	聚居 jùjū

发音提示：bo、po、mo、fo 这些音节中的 o，实际读音与 uo 相同。单韵母 o 的字很少，只有"哦、噢"。

2. **舌尖单韵母 –i（前）、–i（后）**

私自 sīzì	子嗣 zǐsì	字词 zìcí	赐死 cìsǐ
支持 zhīchí	值日 zhírì	史诗 shǐshī	实质 shízhì

发音提示：舌尖单韵母不单独使用。–i（前）只与声母 z、c、s 相拼，–i（后）只与 zh、ch、sh、r 相拼。

3. **卷舌单韵母 er**

儿女 érnǚ	女儿 nǚ'ér	耳目 ěrmù	二胡 èrhú

发音提示：发卷舌单韵母的关键在于舌尖的状态，舌尖翘起，不是卷起，舌的两边要有紧张感，使舌尖的收紧点稳定。

（二）复韵母练习

复韵母不是几个元音的简单相加，而是由一个元音的发音状态迅速向另一个元音的发音状态滑动。练习复韵母时不要过于追求单元音的舌位和唇形，而要注意舌位、唇形的变化动程。

1. 前响复韵母 ai、ei、ao、ou

灾害 zāihài	白菜 báicài	买卖 mǎimài	晒台 shàitái
飞贼 fēizéi	肥美 féiměi	北非 Běifēi	配备 pèibèi
高考 gāokǎo	劳保 láobǎo	跑道 pǎodào	号召 hàozhào
收购 shōugòu	喉头 hóutóu	丑陋 chǒulòu	豆蔻 dòukòu

发音提示：前响复韵母前面的元音响亮清晰，后面的元音轻短模糊，舌位滑动的方向都是由低向高。发 ai、ei 时，舌尖抵住下齿背，舌面前部隆起部位对着硬腭；发 ao、ou 时，舌头后缩，舌尖离开下齿背，舌面后部隆起，对着软腭。ai、ao 发音动程宽，ei、ou 发音动程窄。

2. 后响复韵母 ia、ie、ua、uo、üe

加压 jiāyā	假牙 jiǎyá	恰恰 qiàqià	下架 xiàjià
贴切 tiēqiè	结业 jiéyè	铁屑 tiěxiè	趔趄 lièqie
花袜 huāwà	娃娃 wáwa	耍滑 shuǎhuá	挂画 guàhuà
蹉跎 cuōtuó	国货 guóhuò	火锅 huǒguō	坐落 zuòluò
约略 yuēlüè	绝学 juéxué	雪月 xuěyuè	雀跃 quèyuè

发音提示：后响复韵母后面的元音响亮清晰，前面的元音较短促，不太响亮。舌位都是由高向低滑动。发 ie、üe 时，发音过程中

舌尖始终不离开下齿背；发 ua、uo 时，舌头后缩，舌尖始终不接触下齿背；发 ia 时，舌尖渐离下齿背。

3. 中响复韵母 iao、iou、uai、uei

逍遥 xiāoyáo	疗效 liáoxiào	巧妙 qiǎomiào	教条 jiàotiáo
秋游 qiūyóu	求救 qiújiù	久留 jiǔliú	绣球 xiùqiú
摔坏 shuāihuài	怀揣 huáichuāi	外快 wàikuài	拽歪 zhuàiwāi
摧毁 cuīhuǐ	垂危 chuíwēi	水位 shuǐwèi	退队 tuìduì

发音提示：中响复韵母开头的元音发音不太响亮且较短促，中间的元音响亮清晰，时间长，收尾的元音轻短模糊。舌位先由高向低滑动，再从低向高滑动。韵母 iou、uei 受辅音声母和声调的影响，中间元音有弱化，声调逢阴平和阳平，声母逢舌尖音时，弱化更加明显。

（三）鼻韵母练习

鼻韵母中的元音和鼻辅音之间不是简单的相加，而是从元音向鼻辅音的发音部位滑动，鼻音色彩逐渐增加，舌位和唇形逐渐变化，最后口腔中的阻碍部位完全闭塞，气流从鼻腔流出。发音过程中，舌头的活动是连续不断的，元音和末尾的鼻音应读成一个整体。

1. 前鼻音韵母 an、ian、uan、üan、en、in、uen、ün

斑斓 bānlán	寒山 hánshān	感染 gǎnrǎn	赞叹 zàntàn
天边 tiānbiān	前线 qiánxiàn	腼腆 miǎntiǎn	变迁 biànqiān
酸软 suānruǎn	传唤 chuánhuàn	转弯 zhuǎnwān	贯穿 guànchuān
轩辕 Xuānyuán	全选 quánxuǎn	圆圈 yuánquān	眷眷 juànjuàn
恩人 ēnrén	门神 ménshén	本分 běnfèn	认真 rènzhēn
拼音 pīnyīn	临近 línjìn	仅仅 jǐnjǐn	信心 xìnxīn

温存 wēncún　　谆谆 zhūnzhūn　　文论 wénlùn　　混沌 hùndùn

均匀 jūnyún　　菌群 jūnqún　　军训 jūnxùn　　芸芸 yúnyún

发音提示: 鼻辅音 n 做韵尾与做声母略有不同,声母 n 既有成阻、持阻阶段,还有除阻阶段,除阻后同后面的韵母拼合;韵尾 –n 没有除阻阶段,发完元音后,舌尖向上抵住上齿龈,同时软腭下垂,口腔通路封闭,鼻腔通路打开,发音逐渐减弱而终止。

2. 后鼻音韵母 ang、iang、uang、eng、ing、ong、ueng、iong

帮忙 bāngmáng　　长方 chángfāng　　党章 dǎngzhāng　　烫伤 tàngshāng

湘江 Xiāng Jiāng　　洋枪 yángqiāng　　响亮 xiǎngliàng　　将相 jiàngxiàng

双簧 shuānghuáng　　狂妄 kuángwàng　　网状 wǎngzhuàng　　矿床 kuàngchuáng

风声 fēngshēng　　承蒙 chéngméng　　猛增 měngzēng　　正逢 zhèngféng

倾听 qīngtīng　　宁静 níngjìng　　影星 yǐngxīng　　定型 dìngxíng

轰动 hōngdòng　　童工 tónggōng　　恐龙 kǒnglóng　　共通 gòngtōng

嗡嗡 wēngwēng　　蓊郁 wěngyù　　蕹菜 wèngcài　　水瓮 shuǐwèng

汹涌 xiōngyǒng　　熊熊 xióngxióng　　炯炯 jiǒngjiǒng

发音提示: 鼻辅音 ng 与声母 g、k、h 发音部位相同,ng 在普通话中只能做韵尾。发完元音后,舌面后部隆起,同时软腭下降,口腔通路封闭,鼻腔通路打开发 –ng。韵尾 –ng 只有成阻、持阻阶段,没有除阻阶段。

发后鼻音韵母时,整个动作注意力在舌面后部和软腭。从外形上看,后鼻音韵母发音时,最后口形微开,上下门齿微开。

(四)韵母辨正练习

1. e 与 uo

有些方言区(尤其是一些南方的方言区)的人不会发 e,可以先发 o 音，拖长，逐渐把收敛的双唇放开，嘴角向左右微展，就发出 e 的音了。

有些方言区（例如东北官话区、胶辽官话区）的人习惯把 bo、po、mo、fo 发成 be、pe、me、fe。需要注意 e 和 uo 的不同，除了前者是单元音，后者是复元音之外，还在于 e 不圆唇，uo 的起始元音为圆唇。

uo 是复元音韵母，它的动程虽然较窄，但却不能忽略，口腔由合而稍开，一些方言区的人常常把普通话中的复元音韵母 uo 读成单元音韵母 o。

（1）词语练习

e—o（uo）　　胳膊 gēbo　　隔膜 gémó　　磕破 kēpò　　刻薄 kèbó

o（uo）—e　　波折 bōzhé　　叵测 pǒcè　　破格 pògé　　墨盒 mòhé

o（uo）—uo　　菠萝 bōluó　　婆娑 pósuō　　佛陀 Fótuó　　没落 mòluò

uo—o（uo）　　戳破 chuōpò　　活佛 huófó　　落寞 luòmò　　硕博 shuòbó

e—uo　　合伙 héhuǒ　　各国 gèguó　　厕所 cèsuǒ　　恶果 èguǒ

uo—e　　撮合 cuōhé　　国歌 guógē　　获得 huòdé　　过客 guòkè

（2）绕口令练习

鹅过河

哥哥弟弟坡前坐，坡上卧着一只鹅，坡下流着一条河，哥哥说："宽宽的河。"弟弟说："肥肥的鹅。"鹅要过河，河要渡鹅。不知是鹅过河，还是河渡鹅。

老婆婆托笸箩

打南坡走过来个老婆婆，俩手托着俩笸箩。左手托着的笸箩装的是菠萝，右手托着的笸箩装的是萝卜。你说说，是老婆婆左手托着的笸箩装的菠萝多，还是老婆婆右手托着的笸箩装的萝卜多？说得对，送给你一笸箩菠萝；说得不对，既不给菠萝也不给萝卜，罚你替老婆婆把装菠萝的筐箩和装萝卜的筐箩，送到大北坡。

2. an 与 ang

发前鼻音 an 时，a 的舌位比较靠前，口腔中的收尾动作是舌尖抵住上齿龈，大致相当于声母 n 的发音位置，可以用表示同意别人意见时发出的"嗯"声来体会前鼻音韵尾 –n 的收尾部位；发后鼻音 ang 时，a 的舌位比较靠后，口腔中的收尾动作是舌根后缩、上抬，韵尾的阻塞部位大致相当于声母 g 的发音位置，可以用小孩抽泣的声音来体会后鼻音韵尾 –ng 的收尾部位。en 与 eng、in 与 ing 收尾动作的区别与此相类似。

（1）词语练习

an—ang 肝肠 gāncháng 繁忙 fánmáng 板房 bǎnfáng　探长 tànzhǎng

ang—an 方案 fāng'àn　常谈 chángtán 挡板 dǎngbǎn 杠杆 gànggǎn

担心 dānxīn—当心 dāngxīn　　　　弹送 tánsòng—唐宋 tángsòng

闪光 shǎnguāng—赏光 shǎngguāng　战役 zhànyì—仗义 zhàngyì

寒露 hánlù—航路 hánglù　　　　　水潭 shuǐtán—水塘 shuǐtáng

涂染 túrǎn—土壤 tǔrǎng　　　　　破烂 pòlàn—破浪 pòlàng

（2）绕口令练习

小光小刚砸了缸

小光和小刚，抬着水桶上山冈。上山冈，歇歇凉，拿起竹竿玩打仗。乒乒乒，乓乓乓，打来打去砸了缸。小光怪小刚，小刚怪小光，小光小刚都怪竹竿和水缸。

蚕藏蝉唱

这是蚕，那是蝉，蚕常在叶里藏，蝉常在林里唱。

3. en 与 eng

（1）词语练习

en—eng 奔腾 bēnténg 神圣 shénshèng 本能 běnnéng 认证 rènzhèng

eng—en 憎恨 zēnghèn 疼人 téngrén 等身 děngshēn 冷门 lěngmén

深入 shēnrù—升入 shēngrù 　陈年 chénnián—成年 chéngnián

审视 shěnshì—省市 shěngshì 　震中 zhènzhōng—正中 zhèngzhōng

出身 chūshēn—出生 chūshēng 同门 tóngmén—同盟 tóngméng

鸡粉 jīfěn—讥讽 jīfěng 　　地震 dìzhèn—地政 dìzhèng

（2）绕口令练习

盆碰棚

天上一个盆，地下一个棚，盆碰棚，棚碰盆。棚倒盆碎，是棚赔盆，还是盆赔棚？

陈程两庄城

陈庄程庄都有城，陈庄城通程庄城。陈庄城和程庄城，两庄城墙都有门。陈庄城进程庄人，陈庄人进程庄城。请问陈程两庄城，两庄城门都进人，哪个城进陈庄人，程庄人进哪个城？

4. in 与 ing

（1）词语练习

in—ing 金星 jīnxīng 银杏 yínxìng 　品评 pǐnpíng 禁令 jìnlìng

ing—in 听信 tīngxìn 评聘 píngpìn 　请进 qǐngjìn 静音 jìngyīn

因而 yīn'ér—婴儿 yīng'ér 　临时 línshí—零时 língshí

寝室 qǐnshì—请示 qǐngshì 　禁赛 jìnsài—竞赛 jìngsài

白金 báijīn—白鲸 báijīng 　弹琴 tánqín—谈情 tánqíng

贫民 pínmín—平民 píngmín 　出进 chūjìn—出境 chūjìng

（2）绕口令练习

通信不同姓

同姓不能念成通信，通信不能念成同姓，同姓可以互相通信，通信可不定是同姓。

小芹擒蜻蜓

小芹手脚灵，轻手擒蜻蜓。小青人精明，天天学钢琴。擒蜻蜓，趁天晴，小芹晴天擒住大蜻蜓。学钢琴，趁年轻，小青精益求精练本领。你想学小青，还是学小芹？

5. eng 与 ong

eng 的起点元音接近央元音［ə］，ong 的起点元音接近 u。ong 前面必须有辅音声母，且不与 b、p、m、f 相拼。有些方言区的学习者，常把 b、p、m、f 与 eng 相拼的音节，读成 bong、pong、mong、fong。

（1）词语练习

eng—ong 风控 fēngkòng 蓬松 péngsōng 懵懂 měngdǒng 梦中 mèngzhōng

ong—eng 冲锋 chōngfēng 同盟 tóngméng 拱棚 gǒngpéng 供奉 gòngfèng

登门 dēngmén—东门 dōngmén　　耕种 gēngzhòng—公众 gōngzhòng

腾升 téngshēng—童声 tóngshēng 城建 chéngjiàn—重建 chóngjiàn

龙灯 lóngdēng—隆冬 lóngdōng　　不曾 bùcéng—不从 bùcóng

从政 cóngzhèng—从众 cóngzhòng 木凳 mùdèng—木洞 mùdòng

（2）绕口令练习

风松钟弓

行如风，站如松，坐如钟，睡如弓。风、松、钟、弓，弓、钟、松、风，猛练猛念成富翁。

钉铜钉

楼上钉铜钉，楼下挂铜灯。钉铜钉震动铜灯，钉了铜钉，掉了铜灯。

（五）韵母综合练习

桂林山水歌

云中的神呵，雾中的仙，

神姿仙态桂林的山！

情一样深呵，梦一样美，

如情似梦漓江的水！

水几重呵，山几重？

水绕山环桂林城……

是山城呵，是水城？

都在青山绿水中……

呵！此山此水入胸怀，

此时此身何处来？

……黄河的浪涛塞外的风。

此来关山千万重。

马鞍上梦见沙盘上画：

"桂林山水甲天下"……

（节选自贺敬之《桂林山水歌》）

关于"路"

"路"这个字是由"足"和"各"组成的。仿佛告诉我们，路在脚下，各自有各自的路。

或许是凯鲁亚克《在路上》，"我们永远年轻，永远热泪盈眶"；也或许是李娟的"沿着漫漫的时光，沿着深沉的威严和恐惧，崎岖至此的道路"，前面是看得见的世界，后面是回得去的家乡。

究竟什么是路？路就是道，道就是规则、法则，道路的故事充满了人生的经验。没有路的时候，心里会彷徨，路多的时候心里又会迷失。走好选择的路，别只选好走的路。

在这个世界上有多少条路？小路、大路、水路、航路、网路……它们串联起了整个世界。而对于我们每一个生命个体来讲，我们也拥有一条属于自己的路。蹒跚起步，便永远无法回头。

在这条路上，充满欢喜，忧伤，平顺，坎坷，阳光，风雨，这是一条属于我们的人生的路。

（节选自《朗读者》第二季第六期）

第五章

声　调

一、普通话的声调

（一）什么是声调

汉语是声调语言。汉语的音节除了声母和韵母外，还有一个不可缺少的组成部分，就是声调。声调和声母、韵母一样重要，因为它也能区别意义，例如"买 mǎi"和"卖 mài"、"理解 lǐjiě"和"历届 lìjiè"、"才华 cáihuá"和"菜花 càihuā"都靠声调来分辨。

那么，什么是声调呢？声调是指音节所固有的，可以区别意义的声音的高低升降、曲直长短的变化形式。一般来说，汉语一个音节就是一个汉字，所以声调又叫字调。声调还能表现出汉语抑扬顿挫的音乐美和节奏感。例如杜甫的《绝句》：

> 两个黄鹂鸣翠柳，一行白鹭上青天。
>
> 窗含西岭千秋雪，门泊东吴万里船。

读一读这首诗，体会一下每句话的最后一个字的声调，是不是这种声音的高低起伏让我们觉得这首诗读起来上口、听起来悦耳呢？

（二）声调的性质

声调的性质主要取决于音高（声音高低），与音长（声音长短）、音强（声音强弱）也有关系。

音高的变化是发音时声带的松紧变化导致的。人的喉部有两片薄薄的声带，就像两根橡皮筋，可松可紧。发音时声带越紧，声音就越高；声带越松，声音就越低。声带可以自始至终保持一样的松紧度，也可以先松后紧或先紧后松，也可以松紧相间，这样松紧交替变化造成种种不同的音高变化，就形成各种不同的声调。

声调的音高并不是绝对的。一般来说，成年男性声调的绝对音高都比女性或小孩低一些，即使同一个人，情绪激动时说话的绝对音高也会比平时要高，但是这种绝对音高并不区分意义。声调的音高是一种相对音高，例如都念一个"阳"字，不同性别、不同年龄的人，甚至我们在身体或情绪状况不同的时候，绝对音高的起点和终点虽然都不相同，但是都是由低音上升为高音，上升的幅度也大致一样，也就是说音高的变化是相同的。此外，声调的高低升降变化是连续的、渐变的，中间没有停顿，没有跳跃。

（三）普通话的四声

普通话的四声和现代汉语方言的声调都是从古汉语声调发展而来的，其演变的过程不完全相同，反映了语言发展的不平衡性。普通话的四声包括阴平、阳平、上声、去声，也分别称之为第一声、第二声、第三声、第四声。普通话四声之名来自于古代汉语对"平、上、去、入"四声的命名。除入声外，古代平、上、去三声同普通话四个声调存在着规律的对应关系。各方言和普通话在声调上的对应也都比较整齐，我们在学习普通话时，一般可以从自己方言中的调类去推知普通话的调类，只有少数例外字才需要一个个去记声调。

二、调值、调类和调号

（一）调值

调值是指音节读音高低、升降、曲直、长短的具体变化值。赵元任发明的五度标记法能够准确而又直观地表示调值：先将一条竖线分作四格五点，分别用数字 1、2、3、4、5 表示低、半低、中、半高、高五个相对音高；再在这条线的左边用横线、斜线、曲线表示声调的高低、升降、曲折的变化形状（见图 5-1）。声调这种高低、升降的变化形状也称作"调形"（或"调型"）。普通话四声的调值和调形分别为：阴平—55—高平调形、阳平—35—中升调形、上声—214—降升调形、去声—51—全降调形。

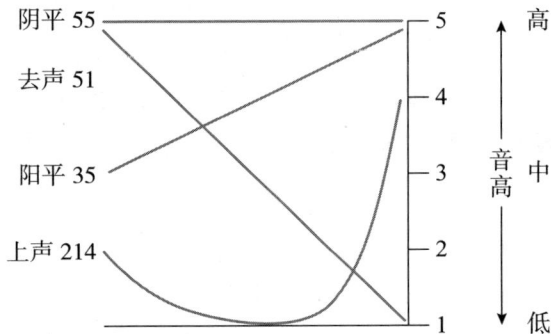

图 5-1　五度标记法

（二）调类

调类就是声调的分类。普通话声调可以分为 4 类，分别是：阴平（第一声）、阳平（第二声）、上声（第三声）和去声（第四声），也就是常说的"四声"。"四声"被称为声调的"名"，和调值相对

（调值被称为声调的"实"）。也就是说，调类只代表某种语言或方言声调的种类，而不表示实际的调值。同一个调类，不同地方的调值可能相差很大，例如"花"这个字，在北京话里调值是 55（高平调），在沈阳话里调值是 33（中平调），天津人又会读成最低调 11 调值。

汉语方言的调类分布很复杂。大体上看，北方方言声调数目少，南方方言声调数目多；声调少的可以只有 3 个，如河北滦县、宁夏银川等，多的可达十余个，如广西博白等。北方方言中最为常见的是 4 个声调，如北京、兰州等。

调值和调类是学习普通话声调的关键所在。我们不妨在学习时从两个方面入手，一是找一找自己家乡话和普通话的声调对应规律，二是体会家乡话和普通话在调值上的差异。比如合肥话的阳平调值对应普通话的阴平调值，那么，在读"民""华""求职""国学"等阳平调时，就要注意它们的实际读值是 35 而不是 55；合肥话去声的调值为 53，那么读去声时，声调要完全降下去，发成准确的 51 调。找到自己方言的声调和普通话的声调在调值和调类上的对应关系，学习普通话声调就可以收到事半功倍的效果。

（三）调号

调号是调类的标记符号。我们把五度标记法中表示具体调值高低的竖线去掉，将表示相对音高的起止变化动向的线条加以简化，就是普通话的调号。《汉语拼音方案》规定的调号是：阴平－、阳平／、上声∨、去声＼。调号直观呈现了调类、调形、调值。（见表 5-1）

声调属于整个音节，主要体现在韵腹即主要元音上，所以调号一般标写在主要元音上。

表 5-1　普通话四声

调类（四声）	调号	例字	调形	调值
阴平	—	妈 mā	高平	55
阳平	/	麻 má	中升	35
上声	∨	马 mǎ	降升	214
去声	\	骂 mà	全降	51

三、声调练习

（一）普通话声调发音要领

1. 阴平（第一声）

阴平调值 55，发音从 5 度到 5 度，声音高而平，基本上没有升降的变化，因此又叫高平调或 55 调。

阴平有为其他三个声调定高低的作用，如果发得不准，会影响其他声调的发音。发音时注意定调不要太高，也不要太低。太高，声带吃力；太低，上声和去声就很难降下去。

发音例字：

阿 ā　　八 bā　翻 fān　低 dī　挖 wā　　先 xiān 栓 shuān 娇 jiāo

埃 āi　奔 bēn 衣 yī　家 jiā　方 fāng　烟 yān 工 gōng 春 chūn

妈 mā 他 tā　缸 gāng 千 qiān 穿 chuān 徽 huī　宣 xuān 窗 chuāng

2. 阳平（第二声）

阳平调值 35，发音从 3 度升到 5 度，声音由中到高，是个中升的调子，因此又叫中升调或 35 调。

发好阳平关键在于起点调值不高不低，升高时要直接上升，避免出现明显拐弯儿，避免扬不上去，调值上升不到 5 度。

发音例字：

拔 bá　河 hé　完 wán　门 mén　峦 luán　拿 ná　怀 huái　平 píng

研 yán　泥 ní　红 hóng　盆 pén　元 yuán　昂 áng　晴 qíng　儿 ér

齐 qí　国 guó　谈 tán　人 rén　前 qián　连 lián　砸 zá　学 xué

3. 上声（第三声）

上声调值 214，主要特点是低调，发音从 2 度降到 1 度再升到 4 度，是个先降后升的调子，因此又叫降升调或 214 调。

上声是普通话四声里最难掌握的，因为上声变化最大，先降后升，而且在语流中较少以本调出现，多以变调的形式出现。发好上声关键在于起调要较低，还要能降下来，再扬上去。上声调的降升变化是平滑的弯曲变化，注意避免声音降到低处出现嘎哑现象，后半段由低向上扬时，不要有折起的硬拐弯儿的感觉，还要避免声音扬上去之后又出现往下拐的尾音。

发音例字：

我 wǒ　马 mǎ　好 hǎo　满 mǎn　暖 nuǎn　网 wǎng　九 jiǔ

养 yǎng　草 cǎo　矮 ǎi　粉 fěn　水 shuǐ　滚 gǔn　哄 hǒng

把 bǎ　你 nǐ　鸟 niǎo　免 miǎn　犬 quǎn　广 guǎng　美 měi

4. 去声（第四声）

去声调值 51，发音从 5 度降到 1 度，是个全降的调子，因此又叫全降调或 51 调。

发好去声的关键在于起调要高，迅速下降，一气贯通，避免降不到位，调值不足，或者发音拖沓。

发音例字：

办 bàn　爱 ài　万 wàn　样 yàng　劝 quàn　怕 pà　矿 kuàng

放 fàng　　笨 bèn　　浪 làng　　热 rè　　坏 huài　　弄 nòng　　秀 xiù

那 nà　　辣 là　　去 qù　　麦 mài　　烫 tàng　　烙 lào　　赚 zhuàn

普通话声调学习应注意调类准确，调值到位。四声训练要准确感知调值高低抑扬的变化，严格区分四声细微的不同，从而脱离方言声调对普通话声调的干扰，达到规范的普通话声调的发音。

此外，发音时还要注意气息的控制。控制好气息可以帮助声调发音到位，调值完整。大家不妨体会以下四声发音要领后尝试发 a 这个音的四个声调，是不是有所提高？

阴平（ā）——起音高平莫低昂，气势平均不紧张；

阳平（á）——从中起音向上扬，用气弱起逐渐强；

上声（ǎ）——上声先降转上挑，降时气稳扬时强；

去声（à）——高起直降向低唱，强起到弱气通畅。

（二）普通话声调练习

1. 同声韵四声音节练习

（1）双唇音 b、p、m

巴 bā	拔 bá	把 bǎ	罢 bà
坡 pō	婆 pó	巨 pǒ	破 pò
猫 māo	茅 máo	卯 mǎo	茂 mào

（2）唇齿音 f

| 方 fāng | 房 fáng | 仿 fǎng | 放 fàng |

（3）舌尖中音 d、t、n、l

低 dī	笛 dí	抵 dǐ	第 dì
通 tōng	童 tóng	桶 tǒng	痛 tòng
妞 niū	牛 niú	扭 niǔ	拗 niù
撩 liāo	聊 liáo	了 liǎo	料 liào

（4）舌面后音 g、k、h

锅 guō	国 guó	果 guǒ	过 guò
棵 kē	咳 ké	可 kě	克 kè
酣 hān	寒 hán	喊 hǎn	捍 hàn

（5）舌面前音 j、q、x

居 jū	菊 jú	举 jǔ	聚 jù
青 qīng	情 qíng	请 qǐng	庆 qìng
香 xiāng	翔 xiáng	想 xiǎng	项 xiàng

（6）**翘舌音 zh、ch、sh、r**

朱 zhū	竹 zhú	主 zhǔ	柱 zhù
称 chēng	成 chéng	逞 chěng	秤 chèng
申 shēn	神 shén	沈 shěn	甚 shèn
嚷 rāng	瓤 ráng	壤 rǎng	让 ràng

（7）平舌音 z、c、s

遭 zāo	凿 záo	早 zǎo	造 zào
猜 cāi	才 cái	采 cǎi	菜 cài
虽 suī	随 suí	髓 suǐ	岁 suì

这组练习发音可以夸张一些。夸张发音即慢发音，拉长音，有一定时长。借助五度标记图找准调值和调形。

2. 双音节组合练习

（1）阴平 + 阴平

观光 guānguāng	春风 chūnfēng	机关 jīguān	蜘蛛 zhīzhū
交通 jiāotōng	发声 fāshēng	咖啡 kāfēi	司机 sījī
冬天 dōngtiān	通知 tōngzhī	村庄 cūnzhuāng	中间 zhōngjiān

（2）阴平 + 阳平

微薄 wēibó 　　英雄 yīngxióng 　　工人 gōngrén 　　清凉 qīngliáng

飘扬 piāoyáng 　　家庭 jiātíng 　　观摩 guānmó 　　新闻 xīnwén

经营 jīngyíng 　　飞翔 fēixiáng 　　坚决 jiānjué 　　新年 xīnnián

（3）阴平 + 上声

嘉奖 jiājiǎng 　　推理 tuīlǐ 　　拍打 pāidǎ 　　辛苦 xīnkǔ

偷懒 tōulǎn 　　根本 gēnběn 　　挑拣 tiāojiǎn 　　生长 shēngzhǎng

开水 kāishuǐ 　　优选 yōuxuǎn 　　青海 qīnghǎi 　　发展 fāzhǎn

（4）阴平 + 去声

争论 zhēnglùn 　　经验 jīngyàn 　　丰富 fēngfù 　　深夜 shēnyè

开放 kāifàng 　　推荐 tuījiàn 　　通过 tōngguò 　　工作 gōngzuò

观众 guānzhòng 　　方向 fāngxiàng 　　规划 guīhuà 　　冬至 dōngzhì

（5）阳平 + 阴平

爬山 páshān 　　国家 guójiā 　　协商 xiéshāng 　　前方 qiánfāng

明天 míngtiān 　　夺标 duóbiāo 　　房间 fángjiān 　　童心 tóngxīn

齐心 qíxīn 　　来宾 láibīn 　　荣光 róngguāng 　　农村 nóngcūn

（6）阳平 + 阳平

寒流 hánliú 　　服从 fúcóng 　　博学 bóxué 　　形成 xíngchéng

学习 xuéxí 　　石油 shíyóu 　　提纯 tíchún 　　平凡 píngfán

国学 guóxué 　　求职 qiúzhí 　　执行 zhíxíng 　　儿童 értóng

（7）阳平 + 上声

城府 chéngfǔ 　　牛奶 niúnǎi 　　烦恼 fánnǎo 　　联想 liánxiǎng

民主 mínzhǔ 　　存款 cúnkuǎn 　　傀儡 kuílěi 　　人品 rénpǐn

勤俭 qínjiǎn 　　狭窄 xiázhǎi 　　头脑 tóunǎo 　　读者 dúzhě

（8）阳平 + 去声

白菜 báicài 　　矛盾 máodùn 　　劳动 láodòng 　　回忆 huíyì

流畅 liúchàng　　疲倦 píjuàn　　　评论 pínglùn　　格调 gédiào
迷雾 míwù　　　年岁 niánsuì　　　防范 fángfàn　　勤奋 qínfèn

（9）上声 + 阴平

指挥 zhǐhuī　　　奖杯 jiǎngbēi　　野心 yěxīn　　　老师 lǎoshī
北京 běijīng　　　领先 lǐngxiān　　省心 shěngxīn　　小猫 xiǎomāo
法医 fǎyī　　　　恐慌 kǒnghuāng　演出 yǎnchū　　　转机 zhuǎnjī

（10）上声 + 阳平

挺拔 tǐngbá　　　打球 dǎqiú　　　储存 chǔcún　　　语言 yǔyán
普及 pǔjí　　　　指南 zhǐnán　　　朗读 lǎngdú　　　反常 fǎncháng
启程 qǐchéng　　　检查 jiǎnchá　　改革 gǎigé　　　统筹 tǒngchóu

（11）上声 + 上声

检讨 jiǎntǎo　　　美满 měimǎn　　许久 xǔjiǔ　　　古典 gǔdiǎn
展览 zhǎnlǎn　　　手掌 shǒuzhǎng　导演 dǎoyǎn　　　好友 hǎoyǒu
保险 bǎoxiǎn　　　小组 xiǎozǔ　　　抚养 fǔyǎng　　　洗澡 xǐzǎo

（12）上声 + 去声

比赛 bǐsài　　　　广阔 guǎngkuò　　把握 bǎwò　　　努力 nǔlì
访问 fǎngwèn　　　理论 lǐlùn　　　选派 xuǎnpài　　　组建 zǔjiàn
股票 gǔpiào　　　想象 xiǎngxiàng　主要 zhǔyào　　　考试 kǎoshì

（13）去声 + 阴平

列车 lièchē　　　气功 qìgōng　　　唱歌 chànggē　　措施 cuòshī
客观 kèguān　　　大家 dàjiā　　　特征 tèzhēng　　认真 rènzhēn
陌生 mòshēng　　互相 hùxiāng　　竞争 jìngzhēng　故乡 gùxiāng

（14）去声 + 阳平

电瓶 diànpíng　　课堂 kètáng　　　蔓延 mànyán　　地图 dìtú
自然 zìrán　　　　化学 huàxué　　　特别 tèbié　　　措辞 cuòcí
照明 zhàomíng　　任凭 rènpíng　　　动员 dòngyuán　配合 pèihé

（15）去声 + 上声

凑巧 còuqiǎo	敬礼 jìnglǐ	促使 cùshǐ	购买 gòumǎi
电影 diànyǐng	录取 lùqǔ	记者 jìzhě	信仰 xìnyǎng
治理 zhìlǐ	冒险 màoxiǎn	外语 wàiyǔ	剧本 jùběn

（16）去声 + 去声

盛况 shèngkuàng	项目 xiàngmù	锐利 ruìlì	扩大 kuòdà
电视 diànshì	报到 bàodào	纪念 jìniàn	宴会 yànhuì
庆贺 qìnghè	岁月 suìyuè	示范 shìfàn	画像 huàxiàng

声调是相对音高，只有比较才可以判定高或低。音节组合练习可以帮助我们准确感知和分辨不同声调的调值。需要注意的是，双音节字调不等于单音节字调的简单相加，练习时要保持发音自然流畅，避免吐字僵硬死板。掌握双音节词语的声调变化是基础。

3.四音节组合练习

（1）四声同声组合

江山多娇 jiāng shān duō jiāo	春天花开 chūn tiān huā kāi
人民团结 rén mín tuán jié	豪情昂扬 háo qíng áng yáng
理想美好 lǐ xiǎng měi hǎo	厂长领导 chǎng zhǎng lǐng dǎo
创造世界 chuàng zào shì jiè	日夜奋战 rì yè fèn zhàn

（2）四声顺序组合

风调雨顺 fēng tiáo yǔ shùn	千锤百炼 qiān chuí bǎi liàn
心明眼亮 xīn míng yǎn liàng	山河锦绣 shān hé jǐn xiù
花红柳绿 huā hóng liǔ lǜ	光明磊落 guāng míng lěi luò
中流砥柱 zhōng liú dǐ zhù	英雄好汉 yīng xióng hǎo hàn

（3）四声逆序组合

四海为家 sì hǎi wéi jiā	刻骨铭心 kè gǔ míng xīn

大好河山 dà hǎo hé shān　　　顺理成章 shùn lǐ chéng zhāng

妙手回春 miào shǒu huí chūn　　兔死狐悲 tù sǐ hú bēi

调虎离山 diào hǔ lí shān　　　异曲同工 yì qǔ tóng gōng

（4）四声杂序组合

集思广益 jí sī guǎng yì　　　得心应手 dé xīn yìng shǒu

身体力行 shēn tǐ lì xíng　　　语重心长 yǔ zhòng xīn cháng

心领神会 xīn lǐng shén huì　　忠言逆耳 zhōng yán nì ěr

万马奔腾 wàn mǎ bēn téng　　无可非议 wú kě fēi yì

4. 声调对比练习

大学 dàxué—大雪 dàxuě　　　春节 Chūnjié—纯洁 chúnjié

松鼠 sōngshǔ—松树 sōngshù　会议 huìyì—回忆 huíyì

佳节 jiājié—嫁接 jiàjiē　　　音响 yīnxiǎng—音像 yīnxiàng

管理 guǎnlǐ—惯例 guànlì　　　百年 bǎinián—拜年 bàinián

冲锋 chōngfēng—重逢 chóngféng　五一 Wǔ-Yī—无疑 wúyí

鼓励 gǔlì—孤立 gūlì　　　　　申请 shēnqǐng—深情 shēnqíng

司机 sījī—四级 sìjí　　　　　义务 yìwù—贻误 yíwù

主题 zhǔtí—主体 zhǔtǐ　　　　报复 bàofù—包袱 bāofu

养眼 yǎngyǎn—养颜 yǎngyán　知道 zhī·dào—指导 zhǐdǎo

兔子 tùzi—秃子 tūzi　　　　　生理 shēnglǐ—胜利 shènglì

通知 tōngzhī—统治 tǒngzhì　活计 huóji—伙计 huǒji

练习 liànxí—联系 liánxì　　　英勇 yīngyǒng—应用 yìngyòng

投递 tóudì—透底 tòudǐ　　　　范围 fànwéi—反胃 fǎnwèi

盈利 yínglì—英里 yīnglǐ

政治 zhèngzhì—正直 zhèngzhí—争执 zhēngzhí

志愿 zhìyuàn—支援 zhīyuán—职员 zhíyuán

时间 shíjiān—实践 shíjiàn—事件 shìjiàn

知识 zhīshi—致使 zhìshǐ—只是 zhǐshì

珍惜 zhēnxī—枕席 zhěnxí—镇玺 zhènxǐ

姿势 zīshì—子时 zǐshí—自始 zìshǐ

（三）声调综合练习

1. 读音分辨练习

自习—仔细	点灯—电灯	装置—壮志
大家—打架	政治—争执	厂房—厂方
写作—协作	出发—处罚	通知—同志
人生—认生	松树—松鼠	任意—仁义
生长—省长	音乐—隐约	

2. 绕口令练习

妈妈骑马

妈妈骑马，马慢妈妈骂马；

妞妞轰牛，牛拗妞妞拧牛；

舅舅捉鸠，鸠飞舅舅揪鸠；

姥姥喝酪，酪落姥姥捞酪。

一葫芦酒

一葫芦酒，九两六，

一葫芦油，六两九。

六两九的油要换九两六的酒，

九两六的酒不换六两九的油。

3. 歌谣练习

二十四节气歌

春	雨	惊	春	清	谷天，
立春	雨水	惊蛰	春分	清明	谷雨
夏	满	芒	夏	暑	相连，
立夏	小满	芒种	夏至	小暑	大暑
秋	处	露	秋	寒	霜降，
立秋	处暑	白露	秋分	寒露	霜降
冬	雪	雪	冬	小	大寒。
立冬	小雪	大雪	冬至	小寒	大寒

4. 古诗词练习

题菊花

黄巢

飒飒西风满院栽，蕊寒香冷蝶难来。

他年我若为青帝，报与桃花一处开。

城上夜宴

白居易

留春不住登城望，惜夜相将秉烛游。

风月万家河两岸，笙歌一曲郡西楼。

诗听越客吟何苦，酒被吴娃劝不休。

从道人生都是梦，梦中欢笑亦胜愁。

5. 句段练习

中国的第一大岛、台湾省的主岛台湾，位于中国大陆架的东南方，地处东海和南海之间，隔着台湾海峡和大陆相望。天气晴朗的时候，站在福建沿海较高的地方，就可以隐隐约约地望见岛上的高山和云朵。

（节选自《中国的宝岛——台湾》）

第六章
音 节

一、什么是音节

音节是语音结构的基本单位。汉语的音节很容易识别，汉字是汉语音节的书面形式。一般来说，一个汉字的读音就是一个音节，如"汉语和汉字 hànyǔ hé hànzì"，五个汉字字音就是五个音节。儿化音节例外，一般用两个汉字记录一个儿化音节，例如"花儿 huār"是一个音节，写下来是两个汉字。

二、普通话音节的一般结构及特点

每种语言都有自己特有的音节结构。汉语音节结构简单，界限分明。普通话音节的一般结构包括声母、韵母、声调三大部分。声母位于音节的开头部分，一般由辅音音素构成。韵母是音节声母后面的部分，一般由元音或元音加鼻辅音构成。韵母可分为韵头、韵腹、韵尾：韵腹是音节中最主要的元音；韵腹与声母之间的元音是韵头，又叫介音；韵腹后面的部分是韵尾，一般由元音或鼻辅音构成。声调是音节的音高变化形式，普通话有阴平、阳平、上声、去声四个声调。

普通话音节的一般结构如下表。

表6-1 普通话音节结构表

声韵调结构 / 例字	声母	韵母			声调
		韵头（介音）	韵腹（主要元音）	韵尾	
阿 ā	/	/	a	/	阴平
癌 ái	/	/	a	i	阳平
咬 yǎo	/	i	a	u	上声
个 gè	g	/	e	/	去声
学 xué	x	ü	ê	/	阳平
丢 diū	d	i	o	u	阴平
引 yǐn	/	/	i	n	上声
王 wáng	/	u	a	ng	阳平
军 jūn	j	/	ü	n	阴平
逛 guàng	g	u	a	ng	去声

普通话音节结构主要有以下特点：

1. 音节结构简单、整齐

普通话音节可以由一个音素构成，最多由四个音素构成。辅音大多只出现在音节的开头，出现在音节末尾的辅音只有鼻辅音 –n 和 –ng，同时，音节中没有两个辅音相连的情况。90% 以上的音节都是以辅音声母开头，以"a、o、e、i、u、ü"等元音起头的音节（即零声母音节）数量不足 10%。

普通话音节开、齐、合、撮四呼齐备，韵头有 i–、u–、ü– 三个，韵尾有 –i、–u 和 –n、–ng，韵头和韵尾不能是同一个音素，不存在 iai、iui 这样的结构形式。

2.元音占优势

元音在普通话音节中占优势，除"呣 m、嗯 n、嗯 ng、噷 hm、哼 hng"等特殊音节外，每个音节都有元音，一个音节最多可以有三个元音连续排列。

三、普通话声韵拼合表

声母和韵母结合构成音节时，有很强的规律性。哪些声母可以和哪些韵母拼合，主要受声母的发音部位和韵母的开齐合撮四呼制约。普通话声韵拼合的大致规律可从下表中体现出来。

表 6-2　普通话声韵拼合简表

声　母 　　　　　　　韵　母		开口呼	齐齿呼	合口呼	撮口呼
双唇音	b p m	八盘磨	比品火	步仆木	—
唇齿音	f	法	—	夫	—
舌尖中音	d t	刀特	地听	读吞	—
	n l	拿类	泥聊	努论	女掠
舌根音	g k h	刚课后	—	关库活	
舌面音	j q x	—	计掐笑		居却选
舌尖后音	zh ch sh r	纸馋蛇绕	—	住踹双软	—
舌尖前音	z c s	子才搜	—	足错岁	—
零声母		安	烟	弯	冤

表 6-2 中，声韵能相拼的地方举出例字，声韵不能相拼的地方画一横线。

表中的例字表示某一横行的声母能拼某一竖行的韵母，并不表示那一横行所有的声母能拼那一竖行所有的的韵母，例如 b、p、m 可以拼齐齿呼韵母，但是在齐齿呼 ia、iang 两个韵母前并不出现；z、c、s 能与合口呼相拼，但是在合口呼韵母 ua、uai、uang 前并不出现。表 6-2 只能说明普通话声韵拼合关系的概貌，并不能反映出每个声母和每个韵母的配合细节。

《现代汉语词典》（第 7 版）音节索引表列出带调音节 1341 个，其中轻声音节 38 个，非轻声音节 1303 个。若不计声调，共计 416 个音节，除"呣 m、嗯 n、嗯 ng、噷 hm、哼 hng"5 个辅音音节外，其余 411 个音节声韵拼合的具体情况见表 6-3"普通话声韵拼合总表"。该表把韵母分成开、齐、合、撮四类并分别与 22 个声母拼合，有拼合关系的写出音节并举例字（主要举阴平字，无适当阴平可用的，选用其他声调的字），没有拼合关系的空格。

普通话中，开口呼音节数量最多，合口呼音节次之，撮口呼音节数量最少，表 6-3"普通话声韵拼合总表"中有 191 个开口呼音节，112 个合口呼音节，84 个齐齿呼音节，24 个撮口呼音节。从表中可以看出：

1. j、q、x 声母不与开口呼、合口呼相拼，只在齐齿呼、撮口呼前出现。

2. t、l 不与 en 相拼，d 与 en 相拼只有"扽 dèn 方言词"，n 与 en 相拼只有"嫩 nèn"和"恁 nèn 方言词"。

3. n、l 能与 ei 相拼，不与 uei 相拼；d、t 反之，能与 uei 相拼，与 ei 相拼只有"得 děi""忒 tēi 又音 tuī"和"嘚 dēi"等个别字。

4. b、p、m、f 与合口呼相拼限于单韵母 u，不能与合口呼其他韵母相拼。

5. d、t、n、l，z、c、s 不与 ua、uai、uang 相拼。

6. ê、er、ueng 只用于零声母音节，不与辅音声母相拼。

7. o 与辅音声母相拼限于 b、p、m、f，音节"lo"只用于助词"咯"。

表 6–3　普通话声韵拼合总表

韵母	例字＼声母	b	p	m	f	d	t	n	l	g	k	h	j	q	x	zh	ch	sh	r	z	c	s	
开口呼	-i															zhi 知	chi 吃	shi 诗	ri 日	zi 资	ci 雌	si 私	
	er																						er 儿
	a	ba 巴	pa 趴	ma 妈	fa 发	da 搭	ta 他	na 拿	la 拉	ga 嘎	ka 咖	ha 哈				zha 渣	cha 插	sha 沙		za 杂	ca 擦	sa 撒	a 阿
	o	bo 玻	po 坡	mo 摸	fo 佛				lo 咯														o 喔
	e			me 么		de 得	te 特	ne 讷	le 勒	ge 哥	ke 科	he 喝				zhe 遮	che 车	she 奢	re 热	ze 则	ce 策	se 色	e 鹅
	ê																						ê 欸
	ai	bai 白	pai 拍	mai 埋		dai 呆	tai 胎	nai 奶	lai 来	gai 该	kai 开	hai 海				zhai 摘	chai 拆	shai 筛		zai 灾	cai 猜	sai 腮	ai 哀
	ei	bei 杯	pei 胚	mei 眉	fei 飞	dei 得	tei 忒	nei 内	lei 雷	gei 给	kei 尅	hei 黑				zhei 这		shei 谁		zei 贼			ei 欸
	ao	bao 包	pao 抛	mao 猫		dao 刀	tao 滔	nao 恼	lao 劳	gao 高	kao 考	hao 好				zhao 招	chao 超	shao 烧	rao 绕	zao 遭	cao 操	sao 搔	ao 熬
	ou		pou 剖	mou 谋	fou 否	dou 兜	tou 偷	nou 耨	lou 楼	gou 沟	kou 口	hou 猴				zhou 周	chou 抽	shou 收	rou 柔	zou 邹	cou 凑	sou 搜	ou 欧
	an	ban 般	pan 潘	man 蛮	fan 翻	dan 担	tan 摊	nan 南	lan 兰	gan 干	kan 看	han 憨				zhan 毡	chan 搀	shan 山	ran 然	zan 咱	can 参	san 三	an 安

续表

合口呼

韵母	b	p	m	f	d	t	n	l	g	k	h	j	q	x	zh	ch	sh	r	z	c	s	零声母
en	ben奔	pen喷	men闷	fen分	den扽		nen嫩		gen根	ken肯	hen痕				zhen真	chen陈	shen伸	ren人	zen怎	cen岑	sen森	en恩
ang	bang帮	pang旁	mang忙	fang方	dang当	tang汤	nang囊	lang郎	gang刚	kang康	hang杭				zhang张	chang昌	shang伤	rang让	zang脏	cang仓	sang桑	ang肮
eng	beng崩	peng烹	meng盟	feng风	deng登	teng疼	neng能	leng冷	geng耕	keng坑	heng哼				zheng争	cheng称	sheng生	reng扔	zeng增	ceng层	seng僧	eng鞥
u	bu不	pu铺	mu木	fu夫	du都	tu秃	nu奴	lu炉	gu姑	ku枯	hu呼				zhu诛	chu初	shu书	ru如	zu租	cu粗	su苏	wu乌
ua									gua瓜	kua夸	hua花				zhua抓	chua欻	shua刷	rua挼				wa蛙
uo					duo多	tuo脱	nuo挪	luo锣	guo锅	kuo阔	huo火				zhuo桌	chuo戳	shuo说	ruo若	zuo昨	cuo搓	suo索	wo窝
uai									guai乖	kuai快	huai怀				zhuai拽	chuai揣	shuai衰					wai歪
uei					dui堆	tui推			gui规	kui亏	hui灰				zhui追	chui吹	shui水	rui瑞	zui最	cui催	sui虽	wei威
uan					duan端	tuan团	nuan暖	luan乱	guan关	kuan宽	huan欢				zhuan专	chuan川	shuan栓	ruan软	zuan钻	cuan蹿	suan酸	wan弯
uen					dun蹲	tun吞		lun轮	gun滚	kun昆	hun婚				zhun准	chun春	shun顺	run润	zun尊	cun村	sun孙	wen温
uang									guang光	kuang筐	huang荒				zhuang庄	chuang窗	shuang双					wang汪
ueng																						weng翁
ong					dong东	tong通	nong农	long龙	gong工	kong空	hong轰				zhong中	chong充		rong荣	zong宗	cong匆	song松	

续表

呼	韵母＼声母	b	p	m	f	d	t	n	l	g	k	h	j	q	x	zh	ch	sh	r	z	c	s	例字
齐齿呼	i	bi 逼	pi 批	mi 眯		di 低	ti 踢	ni 泥	li 利				ji 基	qi 欺	xi 吸								yi 衣
	ia								lia 俩				jia 家	qia 掐	xia 瞎								ya 呀
	ie	bie 别	pie 瞥	mie 灭		die 爹	tie 贴	nie 捏	lie 列				jie 接	qie 切	xie 些								ye 耶
	iao	biao 标	piao 飘	miao 苗		diao 雕	tiao 挑	niao 鸟	liao 了				jiao 交	qiao 敲	xiao 消								yao 腰
	iou			miu 谬		diu 丢		niu 牛	liu 流				jiu 究	qiu 秋	xiu 休								you 优
	ian	bian 边	pian 篇	mian 棉		dian 颠	tian 天	nian 年	lian 连				jian 尖	qian 千	xian 先								yan 烟
	in	bin 宾	pin 拼	min 民				nin 您	lin 拎				jin 今	qin 亲	xin 新								yin 因
	iang							niang 娘	liang 凉				jiang 江	qiang 腔	xiang 香								yang 央
	ing	bing 冰	ping 乒	ming 明		ding 丁	ting 听	ning 宁	ling 零				jing 京	qing 清	xing 兴								ying 英
撮口呼	ü							nü 女	lü 驴				ju 居	qu 区	xu 虚								yu 迂
	üe							nüe 虐	lüe 略				jue 决	que 缺	xue 靴								yue 约
	üan												juan 捐	quan 圈	xuan 轩								yuan 冤
	ün												jun 军	qun 群	xun 勋								yun 晕
	iong												jiong 窘	qiong 穷	xiong 兄								yong 用

8. e 不与 b、p、m、f 相拼（"me 么"等个别音节例外）。

9. f、g、k、h、z、c、s、zh、ch、sh、r 等几组声母不与齐齿呼、撮口呼相拼，只在开口呼、合口呼前出现。

10. 撮口呼只能与 n、l、j、q、x 和零声母相拼，与 n、l 相拼限于 ü、üe 两韵。

11. d、t 不与 in 相拼。d、t、b、p、m 不与 ia、iang 相拼（个别方言词"嗲 diǎ"除外）。

四、音节的拼读

把声母、韵母、声调拼合起来构成一个音节有多种方法，普通话常用的音节拼读方法有两拼法、声介与韵合拼法、三拼法、整体认读法等。

两拼法是把声母和韵母直接拼合起来的方法。两拼法把韵母当作一个整体，不管结构如何都不分开读。例如：

m+a → mā（妈）　　d+ou → dòu（豆）　　j+iang → jiǎng（讲）

声介与韵合拼法是先把声母和介音（韵头）合成一个整体，把它作为拼音的部件，与后边的韵（韵腹，有韵尾的则包括韵尾）进行拼合。声介与韵合拼法实际上也是一种两拼法，不过这种方法只适用于有介音（韵头）的音节。例如：

ji+ao → jiāo（交）　hu+ang → huáng（黄）　xu+an → xuǎn（选）

三拼法是把音节分成声母、介音（韵头）、韵（韵腹，有韵尾的则包括韵尾）三部分进行拼读的方法，这种方法也只适用于有介音（韵头）的音节。例如：

j+i+ao → jiāo（交）h+u+ang → huáng（黄）x+u+an → xuǎn（选）

整体认读法又叫音节直呼法，就是看到一个音节，不通过拼读，而是像读一个汉字一样，直接读出来。直呼音节需要一个熟练过程。

在使用这几种方法拼读时，如果担心声调读不准，可以采取数调法找准声调，即依阴平、阳平、上声、去声的顺序逐个数，数到要读的声调为止。一般情况下，常采用韵母定调法，先定准一个音节韵母的声调，然后再声、韵相拼，直接拼读出带声调的音节。

| 第七章 |

音　变

　　读书、说话不是孤立地发出一个个音节，而是连续发出一串串音节形成语流。在语流中，由于受到相邻音节的影响，一些音节中的声母、韵母或声调会发生语音的变化，这种现象叫作"语流音变"，简称"音变"。是否能够掌握音变，不仅直接影响语音的规范与纯正，而且直接影响表情达意。普通话的音变现象主要有变调、轻声和儿化。

一、变调

　　在普通话里，两个或两个以上音节连在一起时，音节的调值有时会发生变化，这种现象就是变调。音节变调多数是受后一个音节声调的影响引起的。普通话中，变调现象主要有上声变调、"一""不"变调。

（一）上声变调
　　上声音节的声调除了单念或在词尾、句尾时不变外，其他情况都要发生变化。具体情况如下：

1. 上声 + 上声→阳平 + 上声

两个上声音节相连，前一个上声调值由 214 变为 35。例如：

理想 lǐxiǎng	水井 shuǐjǐng	母语 mǔyǔ	友好 yǒuhǎo
手指 shǒuzhǐ	鬼脸 guǐliǎn	广场 guǎngchǎng	保险 bǎoxiǎn
海岛 hǎidǎo	主讲 zhǔjiǎng	简短 jiǎnduǎn	勇敢 yǒnggǎn
解渴 jiěkě	粉笔 fěnbǐ	旅馆 lǚguǎn	古典 gǔdiǎn

2. 上声 + 非上声→半上 + 非上声

上声音节在非上声（阴平、阳平、去声和轻声）音节前，变为"半上"，其调值由 214 变为 21。例如：

阴平前：

首都 shǒudū	始终 shǐzhōng	普通 pǔtōng	海关 hǎiguān
指标 zhǐbiāo	紧张 jǐnzhāng	铁丝 tiěsī	好多 hǎoduō

阳平前：

祖国 zǔguó	语言 yǔyán	普及 pǔjí	仿佛 fǎngfú
朗读 lǎngdú	改革 gǎigé	委员 wěiyuán	本来 běnlái

去声前：

伟大 wěidà	准备 zhǔnbèi	整个 zhěnggè	使用 shǐyòng
感谢 gǎnxiè	美丽 měilì	想念 xiǎngniàn	主见 zhǔjiàn

轻声前：

脑袋 nǎodai	眼睛 yǎnjing	我们 wǒmen	讲究 jiǎngjiu	喜欢 xǐhuan
尾巴 wěiba	打听 dǎting	点心 diǎnxin	马虎 mǎhu	怎么 zěnme

3. 三个上声音节相连

按照词语内部结构分为两种变调情况。

（1）上声 + 上声 + 上声→（阳平 + 阳平）+ 上声

"双单格"——开头和当中的上声音节调值变为 35，与阳平的调值一样。例如：

胆小鬼 dǎnxiǎoguǐ	跑马场 pǎomǎchǎng	演讲稿 yǎnjiǎnggǎo
打靶场 dǎbǎchǎng	考古所 kǎogǔsuǒ	水彩笔 shuǐcǎibǐ
选举法 xuǎnjǔfǎ	手写体 shǒuxiětǐ	管理者 guǎnlǐzhě
展览馆 zhǎnlǎnguǎn	橄榄果 gǎnlǎnguǒ	冷水澡 lěngshuǐzǎo

（2）上声 + 上声 + 上声→半上 + （阳平 + 上声）

"单双格"——开头音节处在被强调的逻辑重音时，读作"半上"，调值变为 21，当中音节则按两字组变调规律变为 35。例如：

纸雨伞 zhǐyǔsǎn	海产品 hǎichǎnpǐn	老领导 lǎolǐngdǎo
小两口 xiǎoliǎngkǒu	小拇指 xiǎomǔzhǐ	老保守 lǎobǎoshǒu
耍笔杆 shuǎbǐgǎn	好导演 hǎodǎoyǎn	厂党委 chǎngdǎngwěi
冷处理 lěngchǔlǐ	小老虎 xiǎolǎohǔ	女主管 nǚzhǔguǎn

（二）"一"和"不"的变调[①]

1. "一"的变调

"一"在单念、表示序数或在词句末尾时，读原调，调值 55。例如：
第一、星期一、初一、万一、统一、始终如一、不管三七二十一。

"一"的变调有如下规律：

（1）在去声音节前调值由 55 变为 35，与阳平调值一样。例如：

一件 yíjiàn　一瞬 yíshùn　一旦 yídàn　一岁 yísuì　一切 yíqiè
一片 yípiàn　一概 yígài　一样 yíyàng　一贯 yíguàn　一再 yízài

（2）在非去声音节（阴平、阳平、上声）前调值由 55 变为 51，

---

① 例子中"一""不"均注变调。

与去声调值一样。例如：

一般 yìbān　　一瞥 yìpiē　　一生 yìshēng　　一天 yìtiān

一年 yìnián　　一同 yìtóng　　一直 yìzhí　　　一钱 yìqián

一起 yìqǐ　　　一朵 yìduǒ　　一碗 yìwǎn　　　一举 yìjǔ

（3）夹在重叠动词中间，口语中常常读为轻声。例如：

看一看 kànyikàn　　　练一练 liànyiliàn　　　想一想 xiǎngyixiǎng

2. "不"的变调

"不"单用或在词句末尾，以及在阴平、阳平、上声前读本调。例如：我不、不说、不能、不想。

"不"的变调有如下规律：

（1）在去声音节前调值变为 35，与阳平调值一样。例如：

不去 búqù　不过 búguò　不利 búlì　　不便 búbiàn　不对 búduì

不是 búshì　不论 búlùn　不要 búyào　不幸 búxìng　不在 búzài

（2）口语中"不"夹在动词或形容词之间、夹在动词补语之间常常可以轻读。例如：

去不去 qùbuqù　　会不会 huìbuhuì 好不好 hǎobuhǎo 大不大 dàbudà

看不清 kànbuqīng 起不来 qǐbulái　拿不动 nábudòng 打不开 dǎbukāi

（三）叠字形容词的变调[①]

1. AA 式的变调

叠字形容词 AA 式在口语中常常儿化，表示期望、祈令、要求，语气温和婉转，第二个音节常读成阴平 55 调。例如：

好好儿（地）hǎohāor（de）　　满满儿（的）mǎnmānr（de）

慢慢儿（地）mànmānr（de）　　早早儿（的）zǎozāor（de）

----

① 例子均注变调。

2. ABB 式和 AABB 式的变调

当后面两个叠字音节的声调是阳平、上声、去声，即非阴平调时，调值可变为高平调 55，跟阴平的调值一样，也可以不变调。例如：

ABB 式：

懒洋洋 lǎnyāngyāng　　　　火辣辣 huǒlālā

慢腾腾 màntēngtēng　　　　亮堂堂 liàngtāngtāng

湿漉漉 shīlūlū　　　　　　明晃晃 mínghuānghuāng

黑洞洞 hēidōngdōng　　　　绿油油 lǜyōuyōu

AABB 式：

明明白白 míngmingbāibāi　　慢慢腾腾 mànmantēngtēng

马马虎虎 mǎmahūhū　　　　清清楚楚 qīngqingchūchū

热热闹闹 rèrenāonāo　　　　快快乐乐 kuàikuailēlē

吞吞吐吐 tūntuntūtū　　　　稳稳当当 wěnwendāngdāng

一部分书面语的叠字形容词不能变调，例如：白皑皑、金闪闪、乐淘淘、红艳艳、轰轰烈烈、堂堂正正、沸沸扬扬、闪闪烁烁。

（四）变调综合练习

1. 发音练习

（1）上声发音

广场	打假	解决	准备	举行	只要
引导	美满	品种	水产	母亲	首都
武装	所以	舞蹈	委员	典范	巩固
只好	采取	隐瞒	我们	女神	橄榄

（2）"一""不"辨音

一朝一夕　　一偏一正　　一心一意　　一明一暗

一边一个　　一丝一毫　　一好一坏　　一模一样

不好不坏	不伦不类	不三不四	不干不净
不卑不亢	不紧不慢	不偏不倚	不闻不问

2. 古诗词练习

一字诗

纪晓岚

一蓑一笠一渔舟，一个渔翁一钓钩。

一拍一呼还一笑，一人独占一江秋。

3. 绕口令练习

老僧

一个老僧一本经，一句一行念得清；

不是老僧爱念经，不会念经当不了僧。

4. 句段练习

莫高窟的彩塑，每一尊都是一件精美的艺术品。最大的有九层楼那么高，最小的还不如一个手掌大。这些彩塑个性鲜明，神态各异。有慈眉善目的菩萨，有威风凛凛的天王，还有强壮勇猛的力士……

（节选自《莫高窟》）

二、轻声

如果稍加留意就会发现，普通话的语流中总有一些字音听起来比较微弱，调值也很模糊。读读这句话："让它荒着怪可惜的，你们那么爱吃花生，就开辟出来种花生吧。"其中加点的字音有什么特点？

在词或句子里，有些音节常常失去原有的声调而变成一种较轻、较短的调子，这就叫作轻声。轻声是普通话中一种特殊的音变现象，很多轻声音节在一些方言区是没有的，所以，学习时需要注意两个方面，一是读准轻声，二是用对轻声词。

普通话里大多数轻声都同语法和词义有密切联系，如上文例句中"的""吧"表示语气；"着"是助词，表示持续的状态；"们"也是助词，表示复数；"么"是词缀；"出来"表示动作趋向，等等。这些轻声可以从语法上加以确定，有很强的规律性。

有些词语，重读或轻读，意义不同、词性不同，如：

地道：dìdào，地下坑道，名词；

地道：dìdao，真正的，形容词。

大意：dàyì，主要的意思，名词；

大意：dàyi，粗心疏忽，形容词。

买卖：mǎimài，买与卖，动词；

买卖：mǎimai，指生意，名词。

东西：dōngxī，指方向，名词；

东西：dōngxi，指物，名词。

对这些词来说，轻声具有区别词性和词义的作用，这类词语不是很多，但是要注意严格区分重读还是轻读。

另外，还有一些词在北京话口语里只有轻声一种读法，属于习惯用法，如"凑合、耽搁、相声、窗户、扫帚"等。这部分轻声词语没有规律可循，是学习的难点，需要用心去记。《普通话水平测试实施纲要》中的《普通话水平测试用必读轻声词语表》对这部分词语做了总结，学习时可以参考使用。

（一）轻声音节出现的几种情况

1. 语气词"吧、吗、啊、呢"等。例如：

他呢　　　　　　走吧　　　　　　去吗

怎么啦　　　　　谁啊　　　　　　来啊

你啊　　　　　　是吧　　　　　　渴吗

干吗呢

2. 助词"着、了、过、的、地、得"。例如：

走着　　　　　　跑着　　　　　　快了

路过　　　　　　领路的　　　　　值班的

愉快地　　　　　好得很　　　　　打得好

3. 名词后缀"子、头、儿、么"及表复数的"们"等。例如：

桌子　　燕子　　房子　　木头　　馒头

这儿　　那儿　　这么　　那么　　什么

朋友们

4. 部分重叠词的后一个音节。例如：

妈妈　　哥哥　　姥姥　　娃娃　　星星

猩猩　　歇歇　　说说　　看看　　坐坐

5. 表示趋向的动词。例如：

过来　　　　出去　　　　出来　　　　下来

过去　　　　说出来　　　滑下去

跑进来　　　夺回来　　　冷下去

6. 方位词或词素。例如：

家里　　车里　　那边　　外边　　床上

桌上　　山下　　树下　　里面　　南面

7. 常用的、习惯要读成轻声的词语。例如：

马虎　　衣服　　刺猬　　月亮　　云彩

耳朵	眉毛	眼睛	哆嗦	应酬
豆腐	庄稼	太阳	告诉	打听
清楚	规距	心思	明白	商量

总之，轻声是普通话中一个重要的音变现象，也是语言口语化的一个特征。轻声音节是弱化音节，读时既不要拖长，又不能过于短促，造成吃字现象。如果把轻声词的两个音节看成两拍，前面的音节读音延长，读一拍半，后面的轻声音节就可以读半拍。学习时，注意体会轻声音节这种对比明显的特点。

（二）轻声音节发音练习

1. 阴平 + 轻声

桌子 zhuōzi　车子 chēzi　　高的 gāode　吃的 chīde　灯笼 dēnglong

听过 tīngguo　山上 shānshang　功夫 gōngfu　出息 chūxi　叔叔 shūshu

包袱 bāofu　巴掌 bāzhang　闺女 guīnü　丫头 yātou　胳膊 gēbo

2. 阳平 + 轻声

题目 tímu　　防备 fángbei　学问 xuéwen　糊涂 hútu　　脾气 píqi

柴火 cháihuo　眉毛 méimao　云彩 yúncai　勤快 qínkuai　头发 tóufa

麻烦 máfan　什么 shénme　行李 xíngli　琢磨 zuómo　和尚 héshang

3. 上声 + 轻声

剪子 jiǎnzi　斧头 fǔtou　枕头 zhěntou　想过 xiǎngguo　搞过 gǎoguo

打扮 dǎban　本事 běnshi　口气 kǒuqi　你们 nǐmen　女婿 nǚxu

体面 tǐmian　口袋 kǒudai　尾巴 wěiba　小气 xiǎoqi　喇叭 lǎba

4. 去声 + 轻声

骗子 piànzi　　凳子 dèngzi　是的 shìde　　　大的 dàde　　唾沫 tuòmo

大夫 dàifu　　厉害 lìhai　　奉承 fèngcheng　月亮 yuèliang　下巴 xiàba

分量 fènliang　任务 rènwu　动静 dòngjing　　告诉 gàosu　　义气 yìqi

（三）轻声音节综合练习

1. 词语练习

头发	格子	婶婶	姑娘	先生
柴火	告诉	高粱	灯笼	舒服
伙计	舌头	多么	起来	体面

2. 绕口令练习

> 房子里有箱子，
>
> 箱子里有匣子，
>
> 匣子里有盒子，
>
> 盒子里有镯子；
>
> 镯子外有盒子，
>
> 盒子外有匣子，
>
> 匣子外有箱子，
>
> 箱子外有房子。

3. 句段练习

　　假日到河滩上转转，看见许多孩子在放风筝。一根根长长的引线，一头系在天上，一头系在地上，孩子同风筝都在天与地之间悠荡，连心也被悠荡得恍恍惚惚了，好像又回到了童年。

（节选自李恒瑞《风筝畅想曲》）

三、儿化

儿化，又称儿化韵，是普通话和某些汉语方言中的一种语音现象，即后缀"儿"不自成音节，而是同前面的音节合在一起，使前一音节的韵母成为卷舌韵母。儿化是普通话语音的特征之一，能区别词义、辨别词性，还能增强语言的表现力。

有些方言中没有儿化，因此学习儿化比较费劲。儿化的基本发音动作就是卷舌，只要勤加练习，熟悉儿化的音变规律，也能掌握好儿化。

（一）儿化的作用

儿化在普通话里有修辞和表示语法功能的作用。

1. 区别词义。例如：

头 tóu（脑袋）—头儿 tóur（领导）

眼 yǎn（眼睛）—眼儿 yǎnr（小窟窿）

信 xìn（书信）—信儿 xìnr（消息）

面 miàn（面条）—面儿 miànr（粉末）

2. 区别词性。例如：

画 huà（动词）—画儿 huàr（名词）

盖 gài（动词）—盖儿 gàir（名词）

亮 liàng（形容词）—亮儿 liàngr（名词）

破烂 pòlàn（形容词）—破烂儿 pòlànr（名词）

3. 表示喜爱、亲切的情感。例如：

老伴儿 lǎobànr　宝贝儿 bǎobèir　有趣儿 yǒuqùr　小猫儿 xiǎomāor

4. 表示少或小的意思。例如：

小孩儿 xiǎoháir 门缝儿 ménfèngr 土豆丝儿 tǔdòusīr 差点儿 chàdiǎnr

（二）儿化音变规则

儿化的音变方式比较复杂，具体有以下几种：

1. 音节末尾是 a、o、e、u 的，儿化时只在原韵母后加卷舌动作。例如：

a—ar	打杂儿 dǎzár	号码儿 hàomǎr
ia—iar	豆芽儿 dòuyár	脚丫儿 jiǎoyār
ua—uar	牙刷儿 yáshuār	雪花儿 xuěhuār
o—or	山坡儿 shānpōr	碎末儿 suìmòr
uo—uor	心窝儿 xīnwōr	干活儿 gànhuór
ao—aor	口哨儿 kǒushàor	小道儿 xiǎodàor
iao—iaor	线条儿 xiàntiáor	豆角儿 dòujiǎor
e—er	民歌儿 míngēr	打嗝儿 dǎgér
u—ur	爆肚儿 bàodǔr	水珠儿 shuǐzhūr
ou—our	网兜儿 wǎngdōur	小偷儿 xiǎotōur
iou—iour	踢球儿 tīqiúr	加油儿 jiāyóur

2. 韵母为 ai、ei、an、en（包括 uei、uen、ian、uai、uan、üan）的，儿化时失落韵尾，在主要元音上加卷舌动作。例如：

ai—ar	鞋带儿 xiédàir	小孩儿 xiǎoháir
ei—er	宝贝儿 bǎobèir	眼泪儿 yǎnlèir
an—ar	心肝儿 xīngānr	快板儿 kuàibǎnr
en—er	后门儿 hòuménr	老本儿 lǎoběnr
uei—uer	土堆儿 tǔduīr	跑腿儿 pǎotuǐr
uen—uer	打盹儿 dǎdǔnr	冰棍儿 bīnggùnr
ian—iar	冒烟儿 màoyānr	心眼儿 xīnyǎnr
uai（uan）—uar	土块儿 tǔkuàir	打转儿 dǎzhuànr
üan—üar	手绢儿 shǒujuànr	眼圈儿 yǎnquānr

3. 韵尾为 ng 的，儿化时韵尾 −ng 和前面的韵腹合并成鼻化元音，加卷舌动作。例如：

ang—ar（鼻化）	药方儿 yàofāngr	帮忙儿 bāngmángr
iang—iar（鼻化）	胆量儿 dǎnliàngr	唱腔儿 chàngqiāngr
uang—uar（鼻化）	蛋黄儿 dànhuángr	门窗儿 ménchuāngr
eng—er（鼻化）	板凳儿 bǎndèngr	门缝儿 ménfèngr
ing—ier（鼻化）	花瓶儿 huāpíngr	电影儿 diànyǐngr
ueng—uer（鼻化）	嗡嗡儿 wēngwēngr	小瓮儿 xiǎowèngr
ong—or（鼻化）	胡同儿 hútòngr	得空儿 dékòngr
iong—ior（鼻化）	叫穷儿 jiàoqióngr	小熊儿 xiǎoxióngr

4. 韵母为 i、ü 的，儿化时韵母不变，加卷舌动作。例如：

i—ier	眼皮儿 yǎnpír	玩艺儿 wányìr
ü—üer	毛驴儿 máolǘr	金鱼儿 jīnyúr

5. 韵母或韵尾为 ê 以及韵母为 −i（前）、−i（后）的，儿化时变为央 e [ə] 加卷舌动作。例如：

ie—ier	台阶儿 táijiēr	树叶儿 shùyèr
üe—üer	空缺儿 kòngquēr	皮靴儿 píxuēr
−i（前）—er	歌词儿 gēcír	瓜子儿 guāzǐr
−i（后）—er	好事儿 hǎoshìr	树枝儿 shùzhīr

6. 韵母为 in、ün 的，儿化时失落 n，主要元音加卷舌动作。例如：

in—ier	手心儿 shǒuxīnr	干劲儿 gànjìnr
ün—üer	短裙儿 duǎnqúnr	合群儿 héqúnr

儿化韵的"儿"和它前面的韵腹是融合在一起的，在发出韵腹的同时，舌头顺势向上一卷，就可自然发出儿化韵。

（三）儿化音节综合练习

1.词语练习

小偷儿	毛驴儿	瓜秧儿	眼光儿	电影儿	眼皮儿
台阶儿	空缺儿	跑腿儿	秘方儿	喜讯儿	脚印儿
手绢儿	号码儿	瓜子儿	闲空儿	莲蓬儿	小瓮儿
现成儿	雪花儿	冰棍儿	小熊儿	冒牌儿	竹竿儿

2.绕口令练习

（1）北京歌谣

小姑娘儿，红脸蛋儿，清早儿起来梳小辫儿。又搽胭脂儿又抹粉儿，画上两片儿红嘴唇儿。粉红袄儿疙瘩襻儿，活里儿活面儿的小坎肩儿。大花儿的裙裤儿真丝绸儿，麂皮的皮靴儿擦红油儿。

（2）练字音儿

进了门儿，倒杯水儿，喝了两口儿运运气儿。顺手儿拿起小唱本儿，唱一曲儿，又一曲儿，练完了嗓子我练嘴皮儿。绕口令儿，练字音儿，还有单弦儿牌子曲儿。小快板儿，大鼓词儿，越说越唱我越带劲儿！

3.句段练习

最妙的是下点儿小雪呀。看吧，山上的矮松越发的青黑，树尖儿上顶着一髻儿白花，好像日本看护妇。山尖儿全白了，给蓝天镶上一道银边。山坡上，有的地方雪厚点儿，有的地方草色还露着；这样，一道儿白，一道儿暗黄，给山们穿上一件带水纹儿的花衣；看着看着，这件花衣好像被风儿吹动，叫你希望看见一点儿更美的山的肌肤。等到快日落的时候，微黄的阳光斜射在山腰上，那点儿薄雪好像忽然害羞，微微露出点儿粉色。就是下小雪吧，济南是受不住大雪的，那些小山太秀气。

（节选自老舍《济南的冬天》）

| 第八章 |
朗读与说话

一、朗读

朗读是学习普通话语音的重要环节和有效方法。语言学家徐世荣认为："朗读是我们现代文化生活中不可少的一项功夫。朗读就是把书面上写的语言变为口头上说的语言，把无声语言（文字、文章、书面作品）变为有声语言——更能表情达意的口头活语言。"朗读不是机械地把文字变成声音，而是通过富有艺术感染力的声音把作品的内容准确、鲜明、形象地传达给听众。

（一）朗读的基本要求

1. 目标明确

使用普通话，语音标准，吐字清晰，这是朗读最基本的语音要求。朗读还要求我们能够准确把握作品的情感基调，情感表达自然适度，没有固定腔调和方言语调；语流通达连贯，没有停连不当和回读等现象。朗读的速度要快慢适中，语速过快会造成吞音现象，吐字含混不清，语速过慢会使语流拖沓，语意不连贯。朗读还应忠实于原文，不随意增减字词和改动语句，通过停连、重音、语气、节奏的处理准确呈现作品的情感与逻辑。

2. 熟悉作品

首先，明确作品主题。透彻地了解作品内容，明确作品主题，在此基础上理解和感受作者的喜怒哀乐，把握住作品的情感基调，朗读时才有可能以声音为桥梁准确传递作品的思想内容。

其次，理清作品结构。结构层次是作品材料的组织安排方式，体现了作者思想情感的发展脉络。我们只有在宏观上对作品有了整体性、结构性的认识，才能抓住作者思想感情运动的线索和轨迹。

最后，扫清朗读障碍。汉字不属于表音文字，能看得懂的文章未必能读得正确，所以朗读前要扫清字音的障碍。字音有问题会对朗读造成干扰，或是因为字音错误影响作品的准确与严肃性，或是因为拿不准字音而影响朗读的流畅性。

3. 文本标注

我们在学习和准备朗读时，可以使用一些特定的符号对文本进行标注，提醒我们对声音轻重缓急的处理。常见的符号有：

▲ 顿挫号，短暂停顿。

∧ 停顿号，停顿时间稍长。

∧∧ 间歇号，间歇时间比停顿更长。

⌒ 连接号，用于标注关系紧密的两个句子，缩短停顿时间，连起来读。

＿ 词组号，把需要连起来读的词或词组连在一起，避免破坏语意。

· 重音号，用于标记句中词语、短语等主要重音。

（二）朗读的基本技巧

朗读时发出的语音转瞬即逝，为了能够让听众迅速、准确地捕捉到声音所传递的信息，需要借助一些方法去帮助我们实现朗读目的，比如声音的停顿、重音的安排、语流速度的控制、语气语调的设计，这些就是所谓朗读技巧，其总体要求是：停连得当、重音合理、语调自然、语速适中。

1. 停连

在朗读中，声音中断、休止的地方就是停顿，反之，那些不中断、不休止的地方就叫连接，两者合称停连。文章中的词、词组和句子形成了自然的节律，尤其是文章中的标点符号，朗读时一般会成为我们停连的依据。但是，有些停连顺应作品思想情感发展，不受标点限制。

（1）语法停连

通过停连，显示文章语句基本的语法关系，这是朗读中最基本的停连要求。例如：

说也奇怪，∧∧和新朋友会谈文学、▲谈哲学、▲谈人生道理等等，∧和老朋友却只话家常，∧柴米油盐，▲细细碎碎，▲种种琐事。

说明：我们可以根据各分句之间的层次关系，处理停顿时间的长短，停连得当，层次能够清晰表现，文章就容易被理解。

这家装饰公司提供的设计风格▲非常独特。

说明：停顿造成的语法错误在于"提供"和"风格"不能搭配，因此属于停连不当。应该在"风格"之前停顿。

已经取得文凭的和尚▲未取得文凭的干部。

说明："尚未"因为停顿不当而出现破词现象，产生了歧义。

（2）逻辑停连

通过停连，揭示文章内容的内在联系，可以帮助听者把握文脉和作者创作的逻辑走向，从而更好地理解和感受作品。例如：

它坐落在∧我国甘肃省敦煌市三危山和鸣沙山的∧怀抱中。

说明：由于受到气息的限制，我们在朗读时往往会在"敦煌市"和"三危山"之间停顿，事实上，"坐落在"和"怀抱中"构成一个前呼后应的完整逻辑，如果语句停在"三危山"之前，我们就读断了文字语言的逻辑。

母亲∧要走大路，⌒大路平顺；∧∧我的儿子∧要走小路，⌒小路有意思。

说明：这个句子是说面临选择，有两种不同的主张。标点符号显示出了两个句子的基本结构关系。我们还可以通过调整停顿、增加连接，显示出意思上的对比关系。

岛内有∧缎带般的瀑布，▲蓝宝石似的湖泊，▲四季常青的森林和果园，∧自然景色十分优美。

说明：停连安排反映了句子的分合关系。"岛内有"统领"缎带般的瀑布""蓝宝石似的湖泊"和"四季常青的森林和果园"，"自然景色十分优美"总括前文。

（3）感情停连

感情停连也称心理停连，是为了加强语气、表现心理变化的一种停连。例如：

这∧就是白杨树，▲西北极普通的一种树，∧然而▲决不是∧平凡的树！

说明：此句表现了作者的一种心理判断，白杨树"是什么""不是什么"。"这"后边和"平凡的树"前边设置停顿，突出了作者的思索过程，强调白杨树的不平凡。

世上∧有预报台风的，▲有预报蝗灾的，▲有预报瘟疫的，▲有预报地震的。∧∧没有人预报幸福。

说明：在"没有人预报幸福"之前设置了一个稍长于前文的停顿，暗示语意中断和变化，表达出主旨。

（4）生理停连

在作品中，由于人物生理上的特殊状况，像哽咽、语噎、垂危时的叮咛、气喘吁吁的报告、人物的口吃等，产生语流不畅、断断续续的情况时，需要运用生理停连。朗读中，只是给以必要的、象征性的表现，不必追求形象地表演。例如：

王友感动极了，他流着眼泪后悔地喊道："陶……∧陶校长你打我两下吧！我砸的∧不是坏人，⌒而是自己的同学啊……"

说明：这句话是王友在情感驱动下道出的，所以有停顿，也有连接。

2. 重音

在朗读中，为了准确地表达语意和思想感情，有时需要强调那些起重要作用的词或短语，被强调的词或短语要读重音。

（1）语法重音

大多情况下，重音的位置和语法结构有关，在语句中的分布有一定的规律。一般有以下几种常见的情况：

1）主谓结构中的谓语常重读。例如：

他的回答实事求是，有理有据。

2）动词或形容词前的状语常重读。例如：

可是父亲也来了，实在很难得。

3）动词或形容词后边的补语常重读。例如：

妈和我笑容可掬地一起拍的照片，多得不可胜数。

4）同位语结构，主要名词重读。例如：

三百多年前，建筑设计师莱伊恩受命设计了英国温泽市政府大厅。

5）疑问句中的疑问代词常重读。例如：

什么是永远不会回来呢？

（2）逻辑重音

逻辑重音也称为强调重音，以反映语言表达目的为前提。朗读时，要避免听任自身的语感和惯性，而应该代之以对文章的深入分析，去准确感知和把握语句表意的焦点，表达力求语意清晰，目的明确。

1）强调语意焦点的重音

这类重音意在显示语意中的某些差异，这些差异往往是语言表达的重心所在，必须加以强调。例如：

山朗润起来了，水涨起来了，太阳的脸红起来了。

说明："朗润""涨""红"三个动词分属于三个并列句，三个并列的动词重读，呈现出春天里一系列物候的变化，这也正是作者想要通过景物描写来表现的。

最大的有九层楼那么高，最小的还不如一个手掌大。

说明：这是一个表示对比关系的句子。通过"大—小"和"九层楼—手掌"的对比，强调莫高窟彩塑个性鲜明、风格各异的艺术特征。重音处理凸显了这种对比关系。

2）显示句子关系的重音

这类重音意在表现句子（特别是复句）中各种不同的语法关系，以此来强调句子间的逻辑关系。例如：

"谁能把花生的好处说出来？"姐姐说："花生的味美。"哥哥说："花生可以榨油。"

说明："味美""榨油"是对花生有哪些"好处"的回答，把这三处重音读出来，文章的脉络就比较清楚了。

决心上阵不利则守城，守城不利则巷战，巷战不利则短兵相接，短兵相接不利则自尽以殉国。

说明：这几处重音反映了说话者的思想进程，一层更进一层，句子之间是递进关系。重音的表达使语意完整、连贯、一气呵成。

3）突出事物特征的重音

这类重音意在体现句子中某些修辞现象，而这些具有修辞色彩的语言表现力最强的地方，往往正是作者表达的主旨所在。例如：

你是一弯银色的新月，给人间普照光辉；你是一把闪亮的镰刀，割刈着欢笑的花朵；你是一根晃悠悠的扁担，挑起了彩色的明天！

说明：作者借助"新月""镰刀""扁担"三个形象的比喻，歌颂、赞美家乡的桥，把这三个词重读，就实现了语句的修辞目的。

经风一吹，发出"嗡嗡"的声响，仿佛是风筝的歌唱。

说明：拟声词在句子里一般重读。"嗡嗡"的响声是文中所刻画的风筝的特点，要重点表现出来。

3. 语调

语调是指朗读时语音高低、快慢、长短、强弱的变化。这种高低起降的变化不仅是准确传递句子思想感情的需要，也是实现句子交际功能不可缺少的语音手段。

（1）语调的分类

根据句子语气的变化可以将语调大致分为"高升调""降抑调""平直调""曲折调"四种。当然，这四种语调的特征描述只是相对而言的，文字语言表达时每一句话都有它的目的，朗读时语气千变万化，因此语调也是丰富多彩的。

1）平直调：→

平直舒缓，无显著高低变化。

应用句型：叙述、陈述、说明性语句。

心理感情：庄重、严肃、闲适、冷淡。

例如：夕阳落山不久，西方的天空，还燃烧着一片橘红色的晚霞。

2）高升调：↗

语势由低到高，语气上扬。

应用句型：疑问句、反问句、短促的命令句。

心理感情：疑问、惊讶、反诘、激昂、鼓动、呼唤。

例如：小姐，您是哪国人？

3）降抑调：↘

语势由高到低，末字低而短。

应用句型：祈求、命令、肯定、坚信或沉重、悲痛。

心理感情：庄重、严肃、闲适、冷淡。

例如：然而决不是平凡的树！

4）曲折调：↘↗↘

语势曲折，升降起伏多变，由高而低后又高。

应用句型：双关句。

心理感情：夸张、幽默、讽刺、诙谐、强调、惊异。

例如：用石块砸同学，你真是个"英雄"啊！

（2）语调偏误

语调偏误是指朗读时语句声音形式偏离了正常、合理的状态。朗读中的语调偏误主要包括两种情况：一是方言语调，二是固定腔调。

1）方言语调

方言语调是指受某一地区方言的影响而表现出具有一定地域语音色彩的声音模式。与方言相关的声调（字调）的错误、缺陷，轻重音格式失当，语气词和感叹词的使用等，都会导致朗读时出现方言语调。

2）固定腔调

固定腔调是指在朗读时语句的声音形式千篇一律、固定不变。常见的固定腔调大致有两种表现：一是节拍一律，语句节奏变化单一；二是照字念音，语速或快或慢，语句没有节拍和重音。

（3）影响语调的主要因素

语调是普通话学习的难点，语调偏误是朗读中常见的问题。构成语调的因素很复杂，包括整句话声音的高低、快慢、长短、强弱的变化。下面为了便于大家学习，我们归纳出几个影响普通话朗读语调的主要因素。

1）字调

语句由音节构成，语调和字调密不可分。方言字调的存留是造成方言语调的重要因素之一。朗读时，字调与普通话的调值、调形的差异越大，表现在语调上的方言色彩越浓，特别是一些感叹词、语气助词在方言中的使用也是方言语调的重要特征。

2）语句重音

如上文所述，为了准确地表达语意和思想感情，朗读时往往需要强调那些起重要作用的词或短语，这些突出语句目的的词语构成了语句重音。语调偏误中的固定腔调，往往是因为不理解传情达意这一朗读目的，朗读时有口无心，语句重音缺失，从而形成了一种带有个体朗读习惯色彩的固定腔调。

4. 语速

语速是朗读时语流的快慢变化。语速大体可以分为中速、快速、慢速三种。中等语速一般约为每分钟 240 个音节。朗读时，可以根据文中情感变化的需要，在适当的地方语速稍快或稍慢。一般在表现紧张、激动、惊惧、兴奋等情绪或场景时，语速可适当加快；在表现悲伤、沉重、庄重、低落等情绪或场景时，语速可稍慢。

（三）朗读示例

1. 巴金《繁星》

朗读提示：

这篇文章按照时间顺序，紧紧围绕"繁星"展开描写，状写了"我"在不同时期、不同地点观看繁星的情景，给人以丰富的联想和美的享受。文章中有多处环境描写，并使用了比喻、拟人和排比等修辞手法状写繁星和作者内心的种种感受。朗读时，要注意文章字里行间所流露的作者对大自然的热爱和对美好生活的向往之情；应当语气轻柔，节奏舒缓。

全文可以分为三个部分：

第一部分（第一段）：描写"我"最爱看繁星，回忆从前在家乡夜晚望星天的情景和感受。

第二部分（第二段）：回忆"我"三年前在南京读书时观看繁星的情景和感受。

第三部分（第三至第四段）：描写"我"在海上观看繁星的情景和感受。

我爱月夜，但我也爱星天。从前∧在家乡七八月的夜晚▲在庭院里纳凉的时候，我最爱看▲天上▲密密麻麻的繁星。望着星天，⌒我就会忘记一切，仿佛回到了▲母亲的怀里似的。

三年前∧在南京我住的地方▲有一道后门，每晚我打开后门，便看见一个静寂的夜。下面▲是一片菜园，上面▲是星群密布的蓝天。星光▲在我们的肉眼里虽然微小，然而∧它使我们觉得▲光明▲无处不在。那时候∧我正在读一些天文学的书，也认得一些星星，好像它们就是我的朋友，⌒它们常常在和我谈话一样。

如今在海上，每晚和繁星相对，我把它们认得很熟了。我躺在舱面上，⌒仰望天空。深蓝色的天空里∧悬着无数半明半昧的星。船在动，⌒星也在动，它们▲是这样低，真是摇摇欲坠呢！渐渐地∧我的眼睛模糊了，我好像看见▲无数萤火虫▲在我的周围飞舞。海上的夜是柔和的，⌒是静寂的，⌒是梦幻的。我望着许多认识的星，我仿佛看见它们▲在对我眨眼，我仿佛听见它们▲在小声说话。这时∧我忘记了一切。在星的怀抱中∧我微笑着，⌒我沉睡着。我觉得自己是一个小孩子，现在▲睡在母亲的怀里了。

有一夜，那个在哥伦波上船的英国人∧指给我看天上的巨人。他用手指着：那四颗明亮的星是头，下面的几颗是身子，这几颗是手，那几颗是腿和脚，还有三颗星算是腰带。经他这一番指点，我果然看清楚了那个天上的巨人。看，那个巨人还在跑呢！

（节选自巴金《繁星》）

2.峻青《海滨仲夏夜》

朗读提示：

这篇文章描绘了海滨夏夜特有的景色和沙滩上劳动者闲适、欢愉的休憩场面，抒发了作者对大自然和美好生活由衷的赞美之情。文章中的景物描写形象生动、层次分明，场面描写由近及远、温馨和谐。文章多处使用比喻、拟人等修辞手法来表现景物的特点。朗读时，要抓住文中所描写的景物特征，并注意表达作者愉悦的内心感受；应当语气轻柔，节奏舒缓。

全文可以分为两个部分：

第一部分（第一至第三段）：描绘了随着时间的推移，夏夜海滨不断变幻的景色。

第二部分（第四至第五段）：描绘了海滨夏夜的幽美和人们休憩、谈笑的活动场面。

夕阳∧落山不久，西方的天空，⌒还燃烧着一片橘红色的晚霞。大海，也被这霞光染成了红色，而且▲比天空的景色更要壮观。因为▲它是活动的，每当一排排波浪涌起的时候，那映照在浪峰上的霞光，⌒又红又亮，简直▲就像一片片霍霍燃烧着的火焰，闪烁着，⌒消失了。而后面的一排，又闪烁着，⌒滚动着，⌒涌了过来。

天空的霞光∧渐渐地淡下去了，深红的颜色▲变成了绯红，绯红▲又变为浅红。最后，当这一切红光都消失了的时候，那突然显得高▲而远了的天空，则呈现出一片▲肃穆的神色。最早出现的启明星，⌒在这蓝色的天幕上▲闪烁起来了。它是那么大，⌒那么亮，整个广漠的天幕上只有它∧在那里放射着令人注目的光辉，活像一盏▲悬挂在高空的明灯。

夜色加浓，⌒苍空中的"明灯"▲越来越多了。而城市各处的真的灯火∧也次第▲亮了起来，尤其是▲围绕在海港周围山坡上的▲那一片灯光，从半空▲倒映在乌蓝的海面上，随着波浪，⌒晃动着，⌒闪烁着，⌒像一串流动着的珍珠，和那一片片▲密布在苍穹里的星斗▲互相辉映，⌒煞是好看。

在这幽美的夜色中，我∧踏着软绵绵的沙滩，⌒沿着海边，⌒慢慢地向前走去。海水，轻轻地抚摸着▲细软的沙滩，发出温柔的唰唰声。晚来的海风，⌒清新而又凉爽。我的心里，⌒有着说不出的▲兴奋和愉快。

夜风∧轻飘飘地吹拂着，空气中▲飘荡着一种▲大海和田禾相混合的香味儿，柔软的沙滩上∧还残留着▲白天太阳炙晒的余温。那些在各个工作岗位上▲劳动了一天的人们，三三两两地▲来到这软绵绵的沙滩上，他们浴着凉爽的海风，望着那缀满了星星的夜空，⌒尽情地说笑，⌒尽情地休憩。

（节选自峻青《海滨仲夏夜》）

（四）朗读训练

朗读下面这篇文章。

要求：1. 划分文章层次，并归纳层次大意。

2. 根据你的理解标注出语音处理的符号。

这是入冬以来，胶东半岛上第一场雪。

雪纷纷扬扬，下得很大。开始还伴着一阵儿小雨，不久就只见大片大片的雪花，从彤云密布的天空中飘落下来。地面上一会儿就白了。冬天的山村，到了夜里就万籁俱寂，只听得雪花簌簌地不断往下落，树木的枯枝被雪压断了，偶尔咯吱一声响。

大雪整整下了一夜。今天早晨，天放晴了，太阳出来了。推门一看，嗬！好大的雪啊！山川、河流、树木、房屋，全都罩上了一层厚厚的雪，万里江山，变成了粉妆玉砌的世界。落光了叶子的柳树上挂满了毛茸茸亮晶晶的银条儿；而那些冬夏常青的松树和柏树上，则挂满了蓬松松沉甸甸的雪球儿。一阵风吹来，树枝轻轻地摇晃，美丽的银条儿和雪球儿簌簌地落下来，玉屑似的雪末儿随风飘扬，映着清晨的阳光，显出一道道五光十色的彩虹。

大街上的积雪足有一尺多深，人踩上去，脚底下发出咯吱咯吱的响声。一群群孩子在雪地里堆雪人，掷雪球儿。那欢乐的叫喊声，把树枝上的雪都震落下来了。

俗话说，"瑞雪兆丰年"。这个话有充分的科学根据，并不是一句迷信的成语。寒冬大雪，可以冻死一部分越冬的害虫；融化了的水渗进土层深处，又能供应庄稼生长的需要。我相信这一场十分及时的大雪，一定会促进明年春季作物，尤其是小麦的丰收。有经验的老农把雪比做是"麦子的棉被"。冬天"棉被"盖得越厚，明春麦子就长得越好，所以又有这样一句谚语："冬天麦盖三层被，来年枕着馒头睡。"

我想，这就是人们为什么把及时的大雪称为"瑞雪"的道理吧。

（节选自峻青《第一场雪》）

二、说话

人们使用语言进行交流的方式可以分为书面或口头。说话是人们不可或缺的口头交际手段，它既是一种很平常的社会活动，同时又对我们的工作和生活有着非常重要的影响。普通话学习的最终目的是为了提高我们普通话的运用水平，在工作和生活中更好地实现交际目的。

（一）说话的特点

1.说话是有声语言

说话主要靠语音传播信息，因此我们说话的实际表达效果与两个因素密切相关，一是说话的内容，二是说话的语音形式。说话时，既要考虑、选择和组织说话的内容，又要顾及我们的语音、语调等声音形式，例如求职时的自我介绍，除了个人姓名、专业、教育背景等基本信息，个人求职意愿、感兴趣的岗位、工作经验和成绩、对求职公司或单位的了解等都是我们应该考虑组织、安排的说话内容。而在语音形式方面，使用通行范围最广的普通话、选择简洁明快的语气语调会使表达更得体、更有效。

2.语音转瞬即逝

声波的传送是瞬间的事。俗话说："说出去的话，泼出去的水。"如果我们觉得说过的话不合适，那就得再说一段话去弥补，我们没办法替换掉说过的话，只能通过信息叠加去修正说话的内容。因此，单位时间内，无效的信息多了，有效的信息就会减少。语音转瞬即逝同样限制了我们听话时的理解能力，一般而言，在听话的过程中只有部分信息留在我们的记忆中。有质量的说话既准确又流畅，因此我们说话时要对词句有所推敲和斟酌，想好了再说；同时要保持注意力高度集中，准确理解语境，迅速调整思维和组织语言。

3. 说话在一定场景中进行

说话总是发生在一定的时间和空间里，说话的语言信息在特定的时空内传播，不像文字，信息传播不受时空局限。说话的对象也是特定的，如教师授课、领导讲话、记者访谈、名人演讲、朋友聊天等，说话有明确的针对性和特定的情景。场景对说话内容主题、时间长短、语音口气等都有所限制。

4. 说话是综合行为

口语表达是运用语言和非语言因素的综合行为，要经常借助手势、表情等非语言因素的帮助。交际中，有些意思彼此可以意会，有时说话人说出个别词就能代替全句；有时甚至没有吭声，只是一个面部表情，也能使对方了解自己的思想和感情。就说话人而言，不仅说话内容有针对性，语气语调、身体语言都可以传达信息。就听话人而言，"锣鼓听声，听话听音"，不光要听语音、辨词义，还要察言观色，看对方的动作和表情，眼耳并用地接收信息，不时调整自己的说话策略和说话内容。

（二）说话的基本要求

1. 目的明确

作为社会活动，说话具有目的性，所谓"到什么山，唱什么歌"。比如老师讲课、讲解员解说是为了传递知识；演讲、谈判旨在鼓励、说服人们认可某种观点。而我们日常交际中的说话，也不是漫无目的的，有时是为了相互了解和取得信任，如拉家常、谈恋爱等，在交流中增进友谊，密切交往；有时是为了引起注意或兴趣，如打招呼、寒暄问候等，在接触、沟通中达到日常社交融入的目的。要实现说话目的，思维就要有明确的指向性，清楚自己为什么这么说。

2. 表意准确

准确是有效传递信息的前提。首先，要尊重客观事实，实事求是，不说假话、大话、空话、套话和废话。其次，要抓住事物特征，用词用句尽量准确。虽然口头语言具有一定的随意性，但是说话的质量影响表达的效果，用词不当会导致语意含糊，阻碍信息交流。

3. 条理清楚

不论在工作场景中，还是在生活场景中，说话清楚、有条理都是一种优势。先说什么、后说什么，说话内容的轻重主次，我们在说话之前都要有所思考。或者以时间为线索，或者以事物发展为顺序，或者以事物内在的逻辑关系为先后。条理清楚是高效表达的前提。

4. 形式得当

语音是说话的声音形式，语音形式为表达内容和目的服务。说话是通过语音来表情达意的，语音形式和我们的思想感情、说话内容密不可分。说话对语音的基本要求是：首先，普通话标准。普通话通用度最高，良好的普通话水平可以帮助我们扩大交际范围、减少交际障碍。其次，自然流畅。语言口语化，语流顺畅，没有不必要的停顿和重复。在普通话学习过程中，或是在正式场合发言时，说话不够自然流畅的现象比较常见。最后，语气语调恰切。语气语调是语音之魂，可以反映我们的喜怒哀乐等思想情感，也可以揭示那些明显的或潜在的说话目的。

（三）说话训练

1. 训练原则

（1）以说话作为普通话学习的最终目的

普通话学习最终是为了运用，普通话说得怎么样是在实际交际中得以显现的。说话是普通话最重要的运用方式，综合体现了一个人的普通话水平。和声母、韵母、声调等一样，说话是普通话学习的重要项目之一，同时说话也是各项语音知识的实践，是普通话学习的最终目的。

（2）以语音标准作为说话训练的小目标

语音标准是我们顺畅表达的基础。说话是一系列音节的组合，说话训练包含语音训练。我们通过说话巩固和提高发音水平，也通过说话来检测我们的发音能力。

（3）以自然流畅作为说话训练的大目标

普通话学习的最高目标是运用标准的普通话进行自然流畅的语言表达。在使用普通话练习说话时，我们往往会顾此失彼：关注了语音标准，就忽视了自然流畅；说话处于真实自然的状态时，语音又常常不够规范。语言学习是一个过程，这种不熟练不流畅的过渡状态，大多数学习者都会经历。我们在进行单音节、多音节训练时，关注的是每个音节声、韵、调的标准程度，而进入句子、语段、语篇的训练时，首先应该关注整体流畅自然，同时兼顾字音标准。因为语句不是音节的简单相加，语流状态才是语言真实的交际状态，字音标准只有在自然的语流中才有意义。说话练习时，应该建立"句本位"观念，避免字化、词化现象。

（4）以日常语言交际作为说话训练的主阵地

日常语言交际，是占据时间最长、语言用量最大的语用场。因此，我们要重视这个实际场合的语言运用，在实战场合中练习发音，包括纠正错误发音、巩固正确发音。只要我们足够用心，每一次开口都是我们说话训练的好时候。

（5）以朗读作为说话训练的牵引

朗读和说话是语言运用的两种形式，朗读有文字凭借，说话无文字凭借。通过对选定的一定数量的篇目进行训练，可以有效地促进应试者普通话口语水平的提高，这是经过实践证明了的。我们要保障朗读训练的要求全面落实，同时要充分发挥朗读训练对口语的牵引作用。朗读可以帮助我们记忆音节在语流中的标准发音，同时朗读技巧也可以运用于说话，提升口语表达质量。

2. 综合训练

（1）同一句话，说话目的不同，重音处理不同。根据括号内对语意理解的提示，请你对小明说：

①小明，我知道你会唱歌。（不用问别人。）

②小明，我知道你会唱歌。（你不要瞒我了。）

③小明，我知道你会唱歌。（不是别人。）

④小明，我知道你会唱歌。（你怎么说不会？）

⑤小明，我知道你会唱歌。（别的会不会我不知道。）

（2）请对你的朋友复述下文。要求：语气亲切柔和，语音标准，自然流畅。

朋友，你到过天山吗？天山是我们祖国西北边疆的一条大山脉，连绵几千里，横亘准噶尔盆地和塔里木盆地之间，把广阔的新疆分为南北两半。远望天山，美丽多姿，那长年积雪高插云霄的群峰，像集体起舞时的维吾尔族少女的珠冠，银光闪闪；那富于色彩的连绵不断的山峦，像孔雀开屏，艳丽迷人。

（节选自碧野《天山景物记》）

（3）告诉小朋友"望梅止渴"成语的由来。要求：语音标准，自然流畅，如临其境。

你知道"望梅止渴"是怎么回事吗？传说有一次曹操带兵打仗，找不到水喝。太阳像一盆火，晒得士兵的喉咙眼儿都冒烟了，他们肩膀上的刀枪越来越沉，两条腿像灌了铅，步子也迈不动了。这时，曹操骑在一匹大白马上，眉头一皱，计上心来。他清清嗓子，大声喊道："大家听着，这一带地形我很熟，前面不远有一片梅树林，年年这时候，梅子挂满了枝头，又甜又酸，好吃得很，大家快走，我们采梅子好解渴！"士兵们信以为真，顿时嘴里酸溜溜的，流出了口水，浑身也来劲了，一下子走了好长一段路，终于找到了水源。这就是"望梅止渴"成语的由来。

（4）请把下面这则寓言故事《谦虚过度》讲给你身边的小朋友听。要求：语音标准，情节完整，生动有趣。可以和原文有出入。

水牛爷爷是森林世界公认的谦虚人，很受大家尊重。小白兔夸它："水牛爷爷的力气最大了！"它就说："唉，过奖了，犀牛、野牛劲儿都比我大。"小山羊夸它："水牛爷爷贡献最多了！"它就说："唉，不能这样讲了，奶牛吃下的是草，挤出来的是奶，它的贡献比我多。"

狐狸艾克很羡慕水牛爷爷谦虚的美名。它想："我也来学习一下谦虚吧，这谦虚太好学了。水牛爷爷的谦虚不就是这两点吗？一是把自己的什么都说小点儿，二是把自己的什么都说少点。嗯，对！就是这样。"

一天，艾克遇到一只小老鼠。小老鼠看到艾克有一条火红蓬松的大尾巴，不禁发出了由衷的赞美："哎呀，艾克大叔，您这尾巴真大呀！"艾克学着水牛爷爷的口气，歪歪嘴："哎，过奖了，你们老鼠的尾巴比我大多了。""啊，什么？"小老鼠大吃一惊："你长那么长的四条腿，却拖根比我还小的尾巴？"艾克谦虚地说："哎，不能这么讲了，我哪有四条腿，三条了，三条了。"小老鼠以为艾克得了精神病，吓跑了。

艾克的谦虚没有换来美名，倒换来一大堆谣言。大家说："唉，森林世界出了一条妖怪狐狸，只有三条腿，还拖一根比老鼠还小的尾巴……"

谦虚也要实事求是，不实事求是是瞎谦虚，那就不知道该叫什么了！

（5）观看并模拟解说纪录片《舌尖上的中国》第六集《五味的调和》开头片段。要求：录音后听一听，进行自我评价：是否说得清楚明白，有画面感？听得是否入耳入心？

不管在中餐还是在中文里，神奇的"味"字，似乎都充满了无限的可能性。除了味觉和嗅觉，在中国文化里，对于"味道"的感知和定义，既源于饮食，又超越了饮食。也就是说，能够真真切切地感觉到"味"的，不仅是我们的舌头和鼻子，还包括中国人的心。

和全世界一样，汉语也用"甜"来表达喜悦和幸福的感觉。这是因为人类的舌尖能够最先感受到的味道，就是甜。这种味道则往往来源于一种物质——糖。

对于阿鸿来说，糖不仅表示着甜，更意味着一切。……糖葱薄饼，潮州著名的传统甜食，阿鸿的手艺是祖传的。今天，阿鸿准备多做一些糖葱，明天就是当地隆重的节日——冬节。……祖祠中，随着大戏的开场，人们怀着敬意，把各种色泽艳丽的甜品奉献给祖先，同时为自己的生活祈福。阿鸿的心愿，是他的传统手工技艺能继续为整个家庭带来富足……

中国人在品尝生活的甘甜之时，似乎也很善于欣赏苦。

10 月的果园，茶枝柑由青转黄，气味芬芳。味道甘醇的新会陈皮就出自这些饱满的果实。……储存年份的长短，决定了陈皮的等级和价值。……在南中国，陈皮甚至能决定一家餐馆的兴衰。

（6）和你的朋友们谈谈以下话题："我尊敬的人""对环境保护的认识""学习普通话的体会"。要求：说话前先拟定说话提纲，每条提纲列出 2—3 个关键词；说话时间不少于 3 分钟；语音标准，自然流畅。

第九章

词　汇

一、普通话词汇与方言词汇的比较

现代汉语方言复杂多样，它们与普通话之间，除了语音的区别，在词汇上也存在差异，有些还会造成理解上的障碍。对于习用方言而又不太熟悉普通话的人来说，了解两者的差异，能够正确使用普通话词语，是学习普通话的重要内容。因此本节重点比较了两者的差异，在介绍两者之间关系的基础上说明普通话吸收方言词语的原则，学习者使用普通话词汇时应注意考虑通行度和交际效果。

（一）普通话与方言词汇对照举例

现代汉语可划分为七大方言：北方方言、吴方言、湘方言、赣方言、客家方言、闽方言和粤方言。其中每一方言又可以进一步划分为方言区—方言片—方言小片—方言点。我们以北京话、上海话、湖南长沙话、江西南昌话、广东梅县话、福建厦门话和广东广州话作为七大方言的代表点进行对比。

需要说明的是：北京话相对于其他方言而言有一定的特殊性，其词语有相当一部分和普通话相同，比如北京话和普通话都说"抽烟／吸烟"，不过北京话中还有"吃烟"的说法。

1. 代词的比较

由表 9-1 可见，各地方言与普通话一致性比较高的代词是"我"和"你"。

普通话中的"这"和"那"在上海话中有两种说法，其中中年人、青年人多用"箇"和"哀"，老年人多用"迭"和"衣"。① 这体现出了老年人、中年人和青年人在词语使用上的差异，这种差异在各方言中都是常见的语言现象。此外，同一座城市的东西南北中也可能存在一定的词汇差异，比如就北京话而言，"过去有人说，北京市区地面大，东城的土语和西城的土语就不一样。如根据一些资料记载，东城叫'水桶'，西城就叫'水筲'"。本章所举方言例子，只是使读者对普通话与方言的差异大致有所了解，因此对上述差异不做标注。

表 9-1 普通话与方言的代词对照表

普通话	北京话	上海话	长沙话	南昌话	梅县话	厦门话	广州话
我	我	我	我	我	偓②	我	我
你	你	侬	你	你	你	你	你
他	他	伊	他	渠	佢	伊	佢

---

① 这里的"箇""哀""迭""衣"都是上海话读音中的用字，不能读普通话的读音，比如"箇"在上海话中的读音用国际音标写为 [gəʔ¹³]。

② 关于方言用字的说明：(1) 各个方言点的参考文献均使用繁体字，比如"萝葡薯"中的"葡"是"萝卜"中"卜"的繁体字，不过为方便更多读者阅读，除了个别用字以外，均使用简化字；(2) 对同音替代字不做标注；(3) 有音义但无合适字形的情况用"□"表示。需要说明的是：其一，方言现象比较复杂，方言用字也是如此。本章使用方言用字，只是希望读者一看便知方言及其与普通话之间存在差异，仅供参考，不作为规范标准。其二，由于有音无字现象在方言中比较普遍，且还有一些极为生僻的用字现象，因此常常不得不放弃最佳的例子，这使本章在方言材料、方言点的选取上受到了不少限制。

普通话	北京话	上海话	长沙话	南昌话	梅县话	厦门话	广州话
我们	我们	阿拉／伲／我伲	我们	我箇哩／我等／我们	𠊎丁人	阮	我地
你们	你们	倷	你们	你们	你丁人	恁	你地
他们	他们	伊拉	他们	渠们	佢丁人	個	佢地
自己	自个儿	自家	自家	自箇／自己	各人	现人	自己
谁	谁	啥人	哪个	哪个	哪个	啥人	乜谁
这	这	辡／迭	咯	箇	这个	即	呢
那	那	哀／衣	那	许	那个	迄	嗰
这里	这块儿／这哈儿／这合儿	辡搭／辡面	咯里	箇里	这儿	即带／即搭	呢处
那里	那块儿／那哈儿	哀搭／哀面	那里	许里	那儿	迄带	嗰处

2. 称谓语（面称）的比较

由表 9-2 可见，各地在面称上均存在差异。普通话中"爸爸"和"爷爷"这两个称呼，在长沙话中都用"爷爷"，不过在表示"爸爸"或者"爷爷"时读音不同。普通话中"妈妈"这个称呼在长沙话中对应两个称呼，一个是"妈妈"，可以用于面称，也可以用于背称；另一个是"姆妈"，这是儿童、青少年在口头上对母亲的称呼。

在北京话中，要称呼"哥哥""姐姐""弟弟"时，大多根据其排行称"大哥""二哥""大姐""二姐""二弟"等。

南昌话中不单说"弟弟"和"妹妹"，在面称时，称呼弟弟的名字或"老弟"，称呼妹妹"大妹""二妹"或"细妹（指小妹）"。

此外，表中"爸/爸爸"表示有"爸"和"爸爸"两种说法，"外（阿）婆"表示有"外婆"和"外阿婆"两种说法。

表9-2　普通话与方言的称谓语（面称）对照表

普通话	北京话	上海话	长沙话	南昌话	梅县话	厦门话	广州话
爸爸	爸/爸爸	爹爹	爷爷/爹爹	爷/爸爸	阿爸	阿爸	阿爸
妈妈	妈/妈妈	姆妈	妈妈/姆妈	姆妈	阿姆	阿母	阿妈
爷爷	爷爷	老爹	爷爷/爹爹	公公	阿公	阿公	阿爷
奶奶	奶奶	唔奶	娭毑	奶子	阿婆	阿妈	阿嫲
外祖父	姥爷	外公	外公	阿公	外阿公	阿公	阿公
外祖母	姥姥	外婆	外婆	阿婆	外（阿）婆	阿妈	阿婆
哥哥	哥哥	阿哥	哥哥	哥哥	阿哥	阿兄	阿哥
姐姐	姐姐	阿姐	姐姐	姐姐	阿姊	阿姊	阿家/阿姐
弟弟	弟弟	阿弟	弟弟/老弟	老弟	老弟	阿弟	弟弟
妹妹	妹妹	妹妹	妹妹/老妹	大妹	老妹	阿妹	阿妹
伯父	伯伯	伯伯	伯伯	伯爷	阿伯	阿伯	伯父
伯母	伯母	大姆妈	伯妈	伯娘/母娘	伯姆	阿姆	伯娘
舅舅	舅舅	娘舅	舅舅	母舅	阿舅	阿舅	阿舅
舅妈	舅妈	舅妈	舅妈	舅母	舅姆	阿妗	妗母

3. 身体部位词语的比较

由表9-3可见，表中的普通话词语所对应的方言词语常常有两种及以上的不同说法。这几种方言除了和普通话有一样的说法以外，如"脸"还有两种说法，"左手"和"右手"还有三种说法，"鼻子"和"肚子"还有四种说法，"肩膀"还有五种说法，"手指/手指头"

还有六种说法，"脖子"还有七种说法，"腿肚子"还有八种说法。此外，这几种方言中"眼珠""胳膊""膝盖"等的说法都和普通话不一样。

表9-3　普通话与方言的身体部位词语对照表

普通话	北京话	上海话	长沙话	南昌话	梅县话	厦门话	广州话
脖子	脖颈儿/脖子/脖儿	头颈	颈根	颈	颈筋	领颈	颈
脸	脸	面孔	脸	脸	面	脸	面
眼珠	眼珠子/眼珠儿	眼乌珠	眼珠子	眼珠子/眼睛珠子	眼珠仁	目（珠）仁	眼核
鼻子	鼻子	鼻头	鼻子	鼻子/鼻公	鼻公	鼻	鼻/鼻哥
肩膀	肩膀儿	肩胛	肩胛	肩膀	肩头	肩（胛）头	膊头
胳膊	胳臂	（手）臂巴	手把子/鲇鱼膀子	胛股子	手臂	手骨	手臂
右手	右手	顺手	右手子	右手	右手	正手	右手
左手	左手	左手	左手子	左手	左手	倒手/穤手	左手
手指/手指头	手指头	手节头	手指脑	指拇头子/指头（子）	手指	手爪	手指
肚子	肚子	肚皮	肚子	肚皮	肚	腹（肚）	肚
膝盖	哥棱瓣儿	脚馒头/膝馒头	膝头	克膝	膝头	骹头跋	膝头
腿肚子	腿肚子	黄鱼肚皮	鲇巴肚子	鱼鱼肚皮	脚罂儿	骹（后）肚	脚（瓜）囊

4. 天文气象词语的比较

由表9-4可见，关于"下雨"的说法，除了北京话说"下雨"以外，其他六个方言点都说"落雨"。关于"日食"和"月食"，厦门话没有与"天狗吃/食日"和"天狗吃/食月"类似的表达，其他地方要么两个都有，要么有其中一个；另外，上海话有比较特别的说法，那就是"野日头吃家日头"和"野月吃家月"。关于"打雷"，梅县话、厦门话和广州话都没有此说，其他四个方言点都有。关于"闪电"，除了北京话以外，其他六个方言点的用字都有很大的差别。

表9-4　普通话与方言的天文气象词语对照表

普通话	北京话	上海话	长沙话	南昌话	梅县话	厦门话	广州话
日食	天狗吃老爷儿	野日头吃家日头	日食	天狗吃日头/日蚀	天狗食日	日熄/熄日	日食/天狗食日
月食	天狗吃月亮	野月吃家月/天狗吃月亮	西狗吃月/天狗吃月	天狗吃月/月蚀	天狗食月	月熄	月食
打雷	打雷	雷响/打雷	打雷	响雷/恨雷/打雷	响雷公	陈雷/雷陈	行雷
闪电	闪电	霍险	扯闪	打霍闪	矖火蛇	薛那	摄电/闪爧/闪电
下雨	下雨	落雨	落雨	落雨	落雨	落雨	落雨

5. 时间词语的比较

由表9-5可见，有关"上午"和"下午"的表达，长沙话、南昌话、梅县话和广州话是一样的，其他各点则有所不同。此外，其他所列有关时间的词语，各个方言点与普通话之间、各个方言点之间也存在一定的差异。需要说明的是：在北京方言中，"昨儿个""明儿个"也可以分别写为"昨儿格""明儿格"。

表9-5　普通话与方言的时间词语对照表

普通话	北京话	上海话	长沙话	南昌话	梅县话	厦门话	广州话
昨天	昨儿个 / 昨儿格	昨天	昨日 （子）	昨日	秋晡日	昨方 / 昨 日 / 顶日	寻日
今天	今儿 / 今儿个	今朝 （子）	今朝 （子）	今日	今晡日	今仔日 / 今仔载	今日
明天	明儿 / 明儿个 / 明日格 / 明儿格	明朝 （子）	明日 （子）	明日	天光日 / 辰朝日	明仔日 / 明仔载	听日
上午	早半天儿 / 早半晌儿 / 早晌儿 / 前晌儿	上半日 / 上半天	上昼	上昼	上昼	顶半日 / 顶半晡	上昼
下午	后半晌儿 / 后晌儿	下半日 / 下半天	下昼	下昼	下昼	下晡	下昼
早晨	早晨	早晨头 / 早浪	早晨	早上	朝晨	早起	晨早 / 朝早 / 朝头早
中午	晌午 / 晌午 天儿 / 晌和 / 中上	中浪	中午	当昼	日头顶 / 当昼 （头）	下昼	晏昼
晚上	晚巴晌儿 / 晚傍晌儿 / 晚末晌儿	夜头	夜间子	夜晚	暗晡 / 夜晡	下昏 / 暗暝	晚头夜 / 晚头黑

6. 生活用品词语的比较

由表9-6可见，各地方言与普通话在生活用品词语上的差异还是比较大的，比如"针尖"在方言中就有六种不同说法。

表9-6　普通话与方言的生活用品词语对照表

普通话	北京话	上海话	长沙话	南昌话	梅县话	厦门话	广州话
针	针	引线	针婆	针	针	针	针
针尖	针尖儿	引线头	针尖子	针杪	针嘴	针尾	针尖
针眼 / 针鼻儿	针鼻儿	引线 屁股	针鼻子	针鼻	针眼	针空	针眼
桌子	桌子	台子	桌子	桌子	桌	桌（仔）	枱
抽屉	抽斗儿 / 抽屉	抽斗	屉子	抽屉	拖格	（桌）屉 / 屉抽	柜桶
抹布	抹布	揩布	抹布	抹布	抹桌布	桌布	抹布
罐子	罐儿	罐头	罐子	罐子	罐儿	罐仔	罐

7.动物名称的比较

"青蛙"通称"田鸡"，表9-7中有五个方言点都说"田鸡"。普通话中"虾"这一说法，有三个方言点和普通话是一样的。广州话关于"猴子"的说法最特别。"蜘蛛"有七种不同说法。有四个方言点把"乌鸦"叫"老鸦"。此外，在长沙话中"夜哇子"指一种常在夜里鸣叫的乌鸦。

表9-7　普通话与方言的动物名称对照表

普通话	北京话	上海话	长沙话	南昌话	梅县话	厦门话	广州话
猴子	猴儿	猢狲	猴子	猴子	猴哥	猴	阿三 / 马留
乌鸦	老鸹	老鸦	老哇子 / 夜哇子	老鸦	老鸦	乌鸦	老鸦
蜘蛛	蛛蛛	结蛛	蜘蛛子	蛛蛛（子）	蜞蜞	蜘蛛	蠄蟧
青蛙	田鸡	田鸡	蛤蟆（子）	田鸡	田鸡	水鸡	田鸡
虾	虾米	虾	虾子 / 虾（公）子	虾子	虾公	虾	虾

8.日常生活词语的比较

由表 9-8 可见，在普通话中"吃饭""抽烟 / 吸烟""喝酒（喝茶）"用了四个不同的动词，但有的方言只用了一个动词，比如上海话、长沙话、南昌话、梅县话和厦门话，其中前三个方言点用的是"吃"，后两个方言点用的是"食"；有的方言点用了两个动词，比如北京话用了"吃"和"喝"，广州话用了"食"和"饮"。普通话"打哈欠"用的动词是"打"，有五个方言点也用了"打"，不过各个方言点模拟"哈欠"声音的用字有所不同，这与各地方言语音系统的不同有一定的关系。在北京话中"打哈嗦"还写为"打哈什""打哈嗤"。

表 9-8 普通话与方言的日常生活词语对照表

普通话	北京话	上海话	长沙话	南昌话	梅县话	厦门话	广州话
吃饭	吃饭	吃饭	吃饭	吃饭	食饭	食饭	食饭
抽烟 / 吸烟	吃烟	吃香烟	吃烟	吃烟	食烟	食薰 / 喇薰	食烟仔
喝酒	喝酒	吃老酒	吃酒	吃酒	食酒	食酒 / 啉酒	饮酒
喝茶	喝茶	吃茶	吃茶	吃茶	食茶	食茶 / 啉茶	饮茶
打哈欠	打哈嗦	打霍险	打哈兴	打呵欠	开窒擘口	□唏	打喊路

（二）普通话词汇与方言词汇的结构特点

普通话词汇和方言词汇之间存在着不少差异。有的方言词汇突显出一些结构性特征，主要体现在以下四个方面（下列举例中冒号左侧是普通话的说法，右侧为方言中的说法及有代表性的方言点）：

1.词义相同或相近，构词成分相同但结构顺序相反

热闹：闹热（上海、南昌、厦门、梅县、广州）

喜欢：欢喜（上海、南昌、厦门、梅县、广州）

客人：人客（上海、厦门、梅县、广州、长沙）

蔬菜：菜蔬（厦门、梅县、广州、长沙）

随着普通话的逐步推广普及，有些普通话词语也渐渐被吸收到方言中，比如上海话中除了已有的"闹热""闹猛"两个词以外，后来也有了"热闹"一词，这三个词的意思完全相同。

2. 词义相同或相近，构词成分有同有异，构词成分多寡不同

蜈蚣：蜈蚣虫（梅县）

融化：融（长沙、梅县）

客人：客（南昌）

多少：多儿（北京）、好多（长沙）、偌多（厦门）、几多（南昌、梅县、广州）

玉米：珍珠米（上海）

去年：旧年（上海、南昌、厦门、梅县、广州）、去年/去年子（长沙）

眉毛：眼眉（北京、广州）、眼眉毛（上海）、目眉/目眉毛（厦门）、目眉毛（梅县）

酱油：豆油（厦门）

芝麻油/香油/麻油：乌麻油（厦门）

花生油：生油（厦门、上海也说花生油、宁波）

3. 词义相同或相近，但词形完全不同

脚：骹（厦门）

融化：烊（上海、南昌、厦门）

蜈蚣：百脚（上海）、百足（广州）

多少：几化（上海）

玉米：棒子（北京）、包谷／苞谷（长沙）、包粟（梅县）、番麦（厦门）、包粟／粟米（广州）

4. 词形相同，但词义有差异

"脚"在普通话中有"人和动物的腿的下端，接触地面支持身体的部分"[1]的意思；在部分方言中的意思与此有差异。上海话中"脚"有两个义项，其一指脚腕至脚尖部分，其二指腿和脚构成的整体；在南昌话和广州话中，"脚"既指脚，也指整条腿；在梅县话中，"脚"指整个下肢。

"灵光"在《现代汉语词典》中有三个义项：一是旧时指神异的光辉；二是指神像头部四周的光辉；三是好，效果好。其中第三个义项前标注了"〈方〉"，说明是方言含义。"灵光"在上海话中有两个义项，一是"灵验"，二是"好，多指做事"；在杭州话中的意思是"好；聪明"；在浙江宁波话中有两个义项，一指"聪明；能力强"，二指"质量好，效果佳"。可见，"灵光"一词，在上海话、杭州话和宁波话里的含义基本上相当于《现代汉语词典》中第三个义项。

（三）普通话词汇与方言词汇的联动关系

普通话和各地方言都有各自的词汇系统。结合汉语发展演变的历史来看，普通话与方言在词汇方面的关系十分复杂。比如 2018 年有关"外婆"和"姥姥"这两个词哪个属于规范用词的问题引发了社会热议。这两个词很早就出现在我国古代文献中了，后来都进入

---

[1] 本书中涉及的词语释义，如无特殊说明，均来自《现代汉语词典》（第 7 版）。

了普通话词汇系统，都属于规范用词。21 世纪以来，人们的语言生活空前活跃，如何处理普通话和方言在词汇方面的关系问题仍需高度重视。

普通话以北方话为基础方言。北方方言分布的地域包括长江以北汉族居住的地区，长江以南镇江以上九江以下的沿江地带，湖北（除了东南一带）、四川、云南、贵州四省，还有湖南省西北一带。由于北方方言内部也存在着词语的差异，因此普通话主要吸收北方方言内部通行程度比较高的词语。

普通话词汇一直都没有停止过对其他方言词语的吸收。比如改革开放以后，珠江三角洲地区的经济发展处于国内领先地位，而且港澳地区的时尚流行文化一时独领风骚，大批粤方言词语伴随着各种经济活动以及由影视歌曲等带动的流行文化不断"北上"，扩散到其他方言区，其中"按揭、面膜、布艺、廉租、洁具"等已被收入《现代汉语词典》（第 5 版），"打的、发烧友、焗油、牛仔裤、打工、打工仔、打工妹、阔佬、炒鱿鱼、高架路、花市、茶楼、酒楼、叉烧、腊肠"等已被收入《现代汉语词典》（第 6 版）。"侃大山、神侃、托儿、砍价、蹦迪、大款"等北京方言词语已被收入《现代汉语词典》（第 5 版）。随着上海经济的发展，一批吴方言词语也被其他方言区的人所接受，比如"解套、割肉"等也被收入《现代汉语词典》（第 6 版）。这些被收入到《现代汉语词典》中的方言词语一般具有以下两个特点：第一，通行度相对较高，即各大方言区的人都能听得懂，也都会使用；第二，具有不可替代性，即在普通话中没有相应的可以替代的词语。可见，这些词语都是在言语交际中"被需要"的。换句话说，普通话吸收方言词汇的原则是交际实现原则。

此外，还应注意的是：一些方言词语在进入《现代汉语词典》时仍具有"方言身份"，比如"打拼""后首后来""蛮很；挺"在词典中都标了"〈方〉"。下面再根据《现代汉语词典》（第 7 版）的释义，举三个粤方言词语的例子：

电饭煲：〈方〉名 电饭锅。

生猛：〈方〉形 ①指活蹦乱跳的（鱼虾等），比如"生猛海鲜"；②富有生气和活力的，比如"生猛的武打动作"。

收银：〈方〉动 收款，比如"收银员""收银台"。

以上几个词典中标"〈方〉"的词语，在一定范围内已有较高的通行度。有的词语原来标"〈方〉"，随着其通行度的不断提高，方言色彩逐渐淡化，后来被普通话完全吸收，词典就不再标"〈方〉"了，如"尴尬、货色"（来自吴方言）、"雪糕、冰激凌"（来自粤方言）、"葵花、龙眼"（来自闽方言）等就已经是普通话词语了。

可见，普通话和方言在词汇上的关系是十分密切的，普通话对方言词语的吸收是持续的，也是广泛的，同时也遵循一定的原则。我们在使用普通话词语时应注意以下四个方面的问题：

第一，从词义上看，根据语言经济性原则，含义相同的两个词语可能会选择其中一个。这里"含义相同"有以下两个意思：

一是指普通话和方言之间的等义词，比如"客人"与"人客"、"蜈蚣"与"蜈蚣虫""百脚""百足"。当普通话中已经有相应的完全同义的词语时，再吸收方言说法的可能性就比较小。

二是指普通话和方言中字形相同的词语在含义上有差异时，普通话就不大可能吸收这样的方言说法。"作孽"在普通话中指"造孽"，"造孽"是佛教用语，意思是"做坏事（将来要受报应）"。"作孽"在厦门话中指"恶作剧，多用于孩童"；在上海话中有两个义项，一指"造孽"，二指"可怜"；在宁波话中有两个义项，一指"干缺德的坏事"，二指"表惋惜、痛惜之情"；在杭州话中有两个义项，一指"做坏事"，二指"自讨苦吃"。可见，"作孽"在上海话、宁波话和杭州话中除了有与普通话基本相同的义项外，还有方言词汇的意义，这些方言义项是普通话中所没有的。

第二，从音节数量上看，双音节词语在现代汉语词汇中占多数。当方言词语是单音节（比如"客""多儿"）、三音节（比如"眼眉毛"）或者更多音节时，我们就要查看一下其对应的普通话词语形式是怎样的。不过方言词语是否是双音节形式，也只是提醒我们查看其对应的普通话表达形式的间接线索。

第三，对《现代汉语词典》中标"〈方〉"的词语，要仔细甄别。有的是已经进入普通话词汇系统的，有的是部分词义或者义项进入到普通话中，有的则是作为备查之用的方言词汇。是否已经进入普通话词汇，很重要的一个判断依据就是其在北方方言区乃至全国范围内的通行程度，也就是是否为社会所接受。

第四，在普通话交际中应避免使用那些仅见于方言的表达，而应使用与其相应的普通话词语。要特别注意下面两种情况：

一是限于方言使用的词语。比如上海话"骯三"有两个含义：一是令人不快或失望，糟糕；二是品质差。南昌话"吃价"的含义是：好，了不起，身价高（包括形容人和形容物）。厦门话"粗勇"有两个含义：一是粗大结实，二是比喻人粗壮。

二是含有方言用字的词语。许多方言都会使用一些比较生僻的汉字（比如"骹"）或者方言字（比如粤方言中表示"没有"的"冇"字）。

总之，方言词汇和普通话词汇是相互影响的。方言词汇是普通话词汇的重要来源之一，普通话词汇也影响着方言词汇系统的发展变化。学习普通话词汇，要注意其与方言词汇之间的差异，同时也要看到两者之间的联系。在学习和使用普通话的过程中，应注意所用词汇的通行度和交际效果。

二、普通话词汇的使用与规范

现代汉语词汇系统的构成十分复杂，一般分为基本词汇、一般词汇和特殊词汇等。其中，一般词汇又包括外来词、方言词、行业词、古语词和新词语等。方言词的情况上文已有论述，下面简要说一说基本词、外来词、行业词、古语词、新词语的情况。

（一）五类词语举例

1. 基本词

基本词是现代汉语词汇的核心部分，属于基本词汇。基本词是与人们的日常生活息息相关的一类词，在日常生活中的使用频率很高，因此从古流传至今。主要包括以下八个类别：

（1）表示自然现象和事物的词，比如天、地、人、鸡、鹅、鸭、花、草、树、木等。

（2）表示生产和生活资料的词，比如锄、犁、家、房、锅、碗、瓢、盆、车、船等。

（3）表示时空概念和数量的词，比如年、月、日、东、西、南、北、一、二、三等。

（4）表示事物性质状态的词，比如好、坏、大、小、强、弱、黑、白、男、女等。

（5）表示人体部位和器官的词，比如手、足、眼、耳、鼻、喉、口、肝、脾、肾等。

（6）表示动作行为和变化的词，比如进、出、坐、卧、说、看、哭、笑、打、闹等。

（7）表示亲属、人称、指代的词，比如父亲、母亲、兄弟、姐妹、你、我、什么等。

（8）表示事物或行为关系的词，比如有、在、把、连、和、才、就、而、以、但等。

2. 外来词

外来词又叫外来语，是从汉语以外的其他语言中连音带义吸收过来的词语。我国历史悠久，从其他语言借入词语的现象很早就有了。先秦和两汉时期有"骆驼、狮子、石榴、琵琶"等，魏晋南北朝和隋唐时期有"佛、僧、瑜伽、禅、橄榄、苹果、菠菜"等，宋元明清有"胡同、戈壁、萨其马、芦荟"等，清末到 20 世纪上半叶有"图腾、坦克、马达、麦克风、卡通、吉他、法兰绒"等，20 世纪下半叶有"拖拉机、克隆、果酱、扎啤、T 恤、AA 制、卡拉 OK、KTV"等。这些外来词至今仍在使用，已成为普通话词语。汉语中的外来词来源丰富，类型多样，一般分为以下四类：

（1）借音

借音又叫音译，具体又分为以下四类：

第一，单纯音译，比如拷贝、比基尼、三明治。

第二，谐音音译，比如香波、嬉皮士、托福。

第三，音译兼字形意化，比如葡萄、琉璃、槟榔。

第四，音译 + 义标，其中义标就是类标，比如"摩托车、色拉油、比萨饼"中的"摩托、色拉、比萨"是音译，"车、油、饼"是义标。

（2）音形兼借

这是最完全的一种借入方法，借读音，同时借入书写形式，比如 AI 人工智能、CEO 首席执行官、DVD 数字激光视盘。这类词又被称为字母词。

（3）半借音半借义

比如"新西兰、霓虹灯、拖拉机"中的"西兰、霓虹、拖拉"是借音，"新、灯、机"是借义。

（4）单纯借形

单纯借形是指借入汉字的书写形式，不过读音是汉语的读音，这些词很多来自日语，比如知识、经济、保险、银行、文明、学士、演绎、干部、美术、茶道、参观、人选、手续、直观、直觉、植物、自然、哲学、杂志、组织、质量、指标、综合。

此外，还有一些是直译的，比如"超级市场（supermarket）、蜜月（honeymoon）、白领（white-collar）"等。这类词能否称为外来词，目前观点还不统一，有人称之为外来概念词。

3.行业词

行业词是指不同学科、不同行业中使用的术语，也叫行话。它包括两类：一类是非保密性质的行话，另一类是秘密语。

（1）非保密性质的行话

与我们日常生活密切相关的行业很多，在此以医学领域为例。医学行业的词语，比如"感冒、发烧、湿疹、银屑病、肺结核、多动症、动脉硬化、糖尿病、痛风、帕金森病、抑郁症、阿尔茨海默病、B超 B型超声诊断的简称、B型超声诊断仪的简称、B细胞 B淋巴细胞的简称、CT 计算机层析成像、计算机层析成像仪、MRI 磁共振成像、OTC 非处方药、X光 X射线"等在《现代汉语词典》（第7版）中都收录了。

（2）秘密语

秘密语包括两类：一是某行业的秘密语，二是黑社会使用的黑话。

第一类秘密语多涉及解放前社会地位较低的群体，比如匠人。据调查，安徽省马鞍山市博望区的铁匠话和锡匠话、山西省理发行业的秘密语等都具有保密性质，被称为"匠语"。匠语是指从事传统手工业的群体所使用的具有秘密性质的专门用语，涉及衣食住行等。

第二类秘密语是黑话。黑话，也叫黑语、匪语、切口、行话、暗语、秘密语、反语、江湖方语等。随着社会的进步，黑社会组织的消亡，黑话也逐渐消亡。

4.古语词

古语词是指在古代汉语、近代汉语中使用而如今偶尔使用的词语。它包括以下两类：

（1）历史古语词，比如"宰相""司马"等古代的官职名称，"后羿""精卫"等古代传说中的人物名称。我们在日常生活中几乎不用这类词语。

（2）文言古语词，这类词语一般都有对应的现代汉语词语，比如"首"对应"头"、"巨"对应"大"、"忤"对应"违背"。我们在口语交际中很少使用这类词语，在书面语表达中偶尔会出于文体或者用词工整的需要而使用。不过，需要补充说明的是：这类词语常常保留在现代汉语方言中，比如"吃饭"在广州话、梅县话和厦门话中都叫"食饭"，"抽烟""吸烟""喝酒""喝茶"中的三个动词在梅县话和厦门话中都用"食"这个动词。

5.新词语

新词语是指为指称新事物、新概念或新现象而创造的词语。改革开放以后，我国的政治、经济、文化、教育、科学、体育和卫生等各方面事业的发展日新月异，由此产生了一批新词语。被收入《现代汉语词典》（第5版）中的有"以人为本、低保、公示、轻轨铁路、磁浮列车、闪盘"等。

就新词语的出现与使用领域而言，网络语言随着互联网的发展与普及表现出了旺盛的生命力。网络语言又叫网话、网语、网络用语或网络流行语，是指由文字、罗马字母、阿拉伯数字和标点符号等其他键盘符号混合在一起使用的网络交际语言。从构成来看，网络语言可以分为以下三类：第一类由拉丁字母、阿拉伯数字构成，比如 MM 妹妹、f2f face-to-face、520 我爱你；第二类由汉字构成，比如瘟酒吧 Windows98、酱紫这样子、大虾又称老鸟，指对网络非常熟悉的人；又谐音"大侠"，指计算机高手；第三类是由标点符号及其他键盘符号所构成的非言语符号，比如用"：)"表示微笑，用"〈-@-@〉"表示醉了。

新词语既有普通话本身产生的，也有新进入到普通话词汇系统中的。后者是一些原本就有的词语，比如《现代汉语词典》（第5版）从方言（比如"警匪片、取向"）、外来词（比如"香波、蓝牙"）、古代或旧时的词语（比如"福祉、履新"）等中吸收了一些词语。可见，新词语往往与其他类别的词语之间存在一定的交叉关系。

（二）外来词与新词语的使用规范

词汇是一个开放的系统，不断舍弃旧词语，补充新词语，一直伴随着时代的脚步不停地进行着自我更新。其中流行语就像社会生活的"晴雨表"，反映了一个时期内人们普遍关注的问题与事物，比如提到"万元户""大哥大早期对手机的俗称""责任制"，就会使人想起改革开放初期。"流行"是流行语的本质特征，有流行的时候，就有不流行的时候，比如"万元户"如今几乎没人说了。外来词、新词语等不断进入普通话词汇，有的很容易在交际中产生问题，甚至成为舆论焦点。下面着重介绍外来词和新词语的规范使用原则。

1.外来词的规范使用原则

与汉语相比，外来词属于外来语言，在借入汉语时会受到汉语自身语言性质的制约以及汉语使用者心理因素的影响。随着中外文化交流活动的日益频繁，有关外来词的规范问题逐渐引起人们的关注。

（1）翻译原则

汉语吸收外来词的历史悠久，并在长期的语言实践中形成了外来词的构词规律。一是尽量以现代汉语的规范形式表情达意，二是尽量以汉语中的外来词构词规律为参照。

（2）规范使用

在全球化、信息化的时代背景下，外来词的使用几乎涉及各个领域，因此探讨规范使用外来词的原则势在必行。

1）遵守法律

《中华人民共和国国家通用语言文字法》（以下简称《国家通用语言文字法》）有三条规定直接涉及外国语言文字使用问题。第十一条规定："汉语文出版物中需要使用外国语言文字的，应当用国家通用语言文字作必要的注释。"第十二条规定："需要使用外国语言为播音用语的，须经国务院广播电视部门批准。"第二十五条规定："外国人名、地名等专有名词和科学技术术语译成国家通用语言文字，由国务院语言文字工作部门或者其他有关部门组织审定。"这些都是规范使用外来词的法律依据。《国家通用语言文字法》是我国法律体系的重要组成部分，落实《国家通用语言文字法》是法制化建设的重要内容之一。

2）遵循规律

一是确定采取哪种类型的借用方法。

二是人名和地名的翻译按照名从主人的原则。对于习用已久的翻译，维持不变，如地名"莫斯科"的俄文是Москва，其中ва就没有翻译。

三是翻译时尽量兼顾汉字表音表义的功能，如：基因（gene）、可口可乐（Coca Cola）。在确定中文译名的时候，尽量尊重和采用社会大众的习惯用法，比如 Organization of the Petroleum Exporting Countries（OPEC）的译名，既有意译的"石油输出国组织"，也有保留了音译简称的"欧佩克"。

21 世纪以来，急速增长的外来词在促进中外文化交流、吸纳先进科学技术的过程中发挥了重要的作用，同时也丰富了现代汉语的"词汇库"。不过，外来词的译写不统一、使用不规范等现象也造成了语言交际的困难，引起了社会各界的广泛关注。2012 年"外语中文译写规范部际联席会议制度"建立，并成立专家委员会，定期审议和发布推荐规范的外语词中文译名，截至目前，已发布了十五批向社会推荐使用的外语词中文译名。

2.新词语的规范使用原则

随着时代的发展，新事物、新概念、新现象不断涌现，新词语也在不断地产生。

从创造并使用新词语的群体来看，最活跃的是青年人。青年一代好奇心强，充满热情，富于创造性，易于接受新事物、追新求异，同时勇于探索与创新。近些年"学霸—是指在学术界称王称霸的人；二是指学习成绩优异的学生""翘课逃课""翻车指原本可以做好的事却没做好，或者输了""挂在校园用语中多指考试没通过""闪眼特别出众，特别引人关注""剧透剧情透露"等已成为流行语，其中"学霸""翘课"被《现代汉语词典》第 7 版收录。《现代汉语词典》第 7 版于 2016 年出版，增收了近几年涌现的新词语 400多条，增补新义近 100 项。

从创造并使用新词语的领域来看，网络是肥沃的"土壤"。网络语言在我国的发展已经有 20 多年了，其构成形式与汉语原有的构词形式存在很多差异。一些网络词语在日常交际中被使用时，有时也会引发争议。如何客观看待、评价网络语言及其规范值得深思。

语言是不断发展变化的，语言是社会发展的产物，语言在发展中不断得到规范。只要能以人与社会环境的和谐共处为主旨，协调语言变化形式各要素之间的匹配关系，就能促进共同语的可持续发展，构筑和谐的语言文字生活。

（三）普通话词汇的使用与规范

语言是随着社会的发展而发展的。在社会变革剧烈的年代，语言的变革也会加速。改革开放以来，特别是 21 世纪以来，我们的语言生活多姿多彩。语言文字在满足我们工作、生活需要的同时，也出现了不少新的语言现象，影响了人们的语言交际，这些都对现代汉语的规范与发展提出了新命题。

与以往任何时代的人际互动情况相比，当前，不同年龄、不同性别、不同职业等的各类人群有着更便捷的交际工具、更频繁的沟通交流、更发达的技术手段，因此社会语言生活空前活跃，各类语言现象层出不穷。普通话作为国家通用语言，必须不断适应新的语言交际环境和沟通条件，以更好地服务和满足社会交际的需要。

社会是多元的，社会中的人因不同的特质而形成不同的群体，由此也形成了语言使用中的各种差异。比如老年人、中年人和青年人的词汇库是有差异的，这在普通话和方言中都存在。上海话"做市面"一词，指打开做事的局面，年长的人还能说，中年人虽然听过但也只是偶尔说，青年人既没听过，也不知道其含义。同样，青年一代对现代科技生活更加熟悉，他们常说的"鼠标""兼容机""芯片"等词语，恐怕不接触电脑的人就难以明白这些词语指的是什么。存在语言差异是正常的，新词新语的涌现、陈词旧说的消失也都是正常的，它们是我们了解社会的窗口。因此，我们应以包容的态度看待这些语言现象，以积极的态度规范用词用语，这样才有利于形成和谐的语言生活局面。

　　总之，我们应该树立科学的语言观和语言发展观，以实际行动促进语言的主体性与多样性统一、独特性与包容性并存、发展与规范兼顾的和谐发展局面的形成。

第十章

语　法

一、普通话语法与方言语法的主要差异

普通话与方言在语音上的差异最显著，在词汇上的差异也比较容易被感知到，而在语法上的差异则比较隐蔽。这些隐蔽的差异背后是语法规则，每条规则都在语言的"产出"中发挥了重要的作用。如果我们听得到和说得出的话语、看得到和写得出的文句出了问题，那么在排除了语音和词汇问题之后，就要找找语法问题了。下面从词性、语序和句式三个方面择要介绍普通话与方言之间的主要差异。

（一）词性的差异

句子是由词组成的。词组成句子离不开语法规则。为了更深入地解释词如何组成句子，就要涉及词性。词性主要有名词、动词、形容词等。普通话与方言在词性方面的差异主要体现在以下十三个方面。

1. 名量搭配关系

数词和量词组成数量词组后，其主要作用就是修饰名词，其中量

词与名词之间的搭配差异是普通话和方言差异的重要表现之一。

各地方言的名量搭配情况纷繁复杂，在此仅列出一些常见名量搭配词组，比较普通话和方言之间的异同。由表 10-1 可见，上海话、广东阳江话和普通话在名量搭配上一致的只有"鱼、虫、人"。比较而言，上海话的名量搭配与普通话的更接近。在上海话中，"只"是个体量词中使用范围最广的，而且仍有继续泛化的趋势。在阳江话中，"个、条、张"属于常用个体量词。普通话量词在与名词搭配时区分较为精细，再加上名量搭配的理据性难以用三言两语加以概括，因此学习量词是需要花费一番功夫的。

表 10-1　普通话、上海话、阳江话的名量搭配

普通话	上海话	阳江话	名　　词
条	条	条	鱼
			虫
根	根		头发
张	张		票（上海话叫票子）
把	只		钥匙（阳江话叫锁匙）
支 / 首			歌
把	把	张	刀
	只		椅子（阳江话叫椅）
张			桌子（上海话叫台子）（阳江话叫枱）
个 / 口	个	个	人
只	只		杯子（阳江话叫杯）
条 / 只			狗
头 / 只			牛
头 / 只			羊
只			鸡
			蜜蜂

（1）量词

朱德熙《语法讲义》指出量词有七类：

第一，个体量词。个体量词是与个体名词搭配的，比如在"一本书"中"本"是个体量词，"书"是个体名词。

第二，集合量词。集合量词是与成群成组的事物搭配的，比如在"一双筷子""一群羊"中"双""群"是集合量词，"筷子"一般是一对儿的，"羊"在此表示"羊"的集体。

第三，度量词。度量词表示度量衡单位，比如"米、公斤、升"。

第四，不定量词。常用的有"点儿"和"些"，其前只能加数词"一"，比如"一点儿（粮食）、一些（布）"。

第五，临时量词。临时量词是借用名词作量词，比如"一碗饭、一杯水、一车苹果"中的"碗、杯、车"都是名词。

第六，准量词①。这类词放在量词后头的时候是名词，直接放在数词后头的时候是量词，比如"三个站"与"三站"中的"站"，"一个世纪"与"一世纪"中的"世纪"。

第七，动量词。动量词常常在动词之后，表示动作的次数，比如"看一次、踢一脚、想一想"。

上述第一至第六类量词跟数词组合后，表示事物的数量，统称名量词。

量词在普通话和方言中的用法，除了有量词和名词搭配、数词和

---

① 这类词之所以看成量词比较合理，有两个原因：第一，"三站""一世纪"后头还可以加上名词，如"三站路""一世纪时间"；第二，把这类词看成量词，符合汉语数词后头不加量词不能直接修饰名词的总规律，如果看成名词，就得承认这条规律有例外。

量词搭配的差异外，量词在一些方言中还有定指用法。

在上海话中，量词单独位于名词前时兼有指示代词的作用。例如：

块黑板挂勒啥地方好？ 这块黑板挂在哪里好呢？

只录音机啥人拿去勒？ 这个录音机谁拿去了？

在广东潮州话中，"这（那）+量词+名词"格式省略指示代词"这（那）"以后，仍有特指作用。例如：

只马大大只。 那匹马很大。

杯酒食落去。 这杯酒喝下去。

（2）名词

根据名词与量词的关系，可以把名词分为五类：

第一，可数名词。其特点是都有与自己搭配的个体量词，比如与"笔、树、鸟"搭配的量词依次是"支、棵、只"。

第二，不可数名词。没有适合与之搭配的个体量词，比如"沙子、土、布"。

第三，集合名词。其前只能用表示群体的量词，即集合量词或不定量词，比如"一群羊、一些图书、一部分工作人员"。

第四，抽象名词。其前只能加"种、点儿、些"等名量词，比如"（一种）观念、（一点儿）恩情、（这些）礼节"；或者加"次、回、趟"等动量词，比如"（请了一次）客、（听过两回）故事、（去了一趟）老家"。

第五，专有名词。一般情况下不受数量词修饰。但这并不是绝对的，比如"中国要是有两条长江，情形就不同了"。

（3）数词

数词包括基数词和序数词。基数词如"一、二、三"，序数词如"第一、第二、第三"。在数字的表达上，有的方言与普通话不同。

在上海话中，"二十"常常用"廿"表示，"廿一"表示"二十一"，

"一百廿"表示"一百二十";"一百十"表示"一百一十","三百十"表示"三百一十","一百十一"表示"一百一十一",等等。

在厦门话中,"卌"表示"四十";从"九十一"到"九十九"中的"十"都可以省略;"廿"表示"二十","廿一"表示"二十一";"一百一十"可以说"百一",而且"一百二十"到"一百九十"可依此类推;"一千一百"可以说"千一",而且"一千二百"到"一千九百"可依此类推。

此外,"二"和"两"的用法在普通话和方言中有差异。在普通话中,单独在度量衡量词之前使用时,除了"二两"不能说成"两两"以外,用"二"或者"两"都可以,比如"二斤、两斤""二尺、两尺";单独在其他量词之前使用时,只能用"两",不能用"二",比如"两个"不说"二个","两条"不说"二条",不过"两位"和"二位"则都可以说。在厦门话中,十以下的数量短语中用"两"不用"二",比如"两只鸡";"两两"是"二两"的意思,比如"两两米";数数时,十以下多用"两",十以上百以下用"二"不用"两",在百、千、万、百万、千万、亿之前用"两"不用"二",但"十万"之前用"二"不用"两"。

2. 名词的前缀与后缀

前缀和后缀都属于词缀。在普通话中,前缀较少,有"老、阿、超"等,如"老鼠、阿姨、超声波"等;后缀较多,有"子、儿、头、们、化"等,如"椅子、画儿、石头、他们、城市化"等。方言中的词缀形式比普通话的更加多样。

（1）前缀

"阿"做前缀,在普通话中很少,但在南方方言中却很普遍。在浙江温州话中,带"阿"的名词很多,如阿叔_{叔叔}、阿大_{大哥}、阿佢_称

呼较亲昵的平辈人、阿我_我、阿你_你、阿谁_谁。

"圪"做前缀,山西寿阳话有"圪都_{拳头}、圪台_{台阶}、圪垛_{水坑}"等。

"老"做前缀,湖南酃县话有"老妹_{妹妹}、老同_{同年岁的结拜兄弟}、老蟹_{螃蟹}"等。

（2）后缀

"儿"做后缀,在南北方言中都有。在湖南澧县话中,单音节名词重叠并儿化可以区别词义,如缸_{大缸}—缸缸儿_{小缸}、锣_{大铜锣}—锣锣儿_{小铜锣}、耙_{农具犁耙之耙}—耙耙儿_{小耙子}。

"子"做后缀,在方言中很普遍。湖南汝城话有"弟子_{弟弟}、傍夜子_{傍晚}、镜面子_{太阳穴}"等。

"头"做后缀,山东潍坊话有"离巴头_{外行人}、沫罗头_{泡沫}、河崖头_{河岸}"等。

"仔"做后缀,福建永春话有"同姒仔_{妯娌}、楹仔_{房梁}、饺仔_{饺子}"等。

"客"做后缀,浙江温州话有"老人客_{妇女}、男子客_{男人}、滥竽客_{办事马虎、不负责任的人}、卖小客_{挑担小商贩}"等。

此外,在一些方言中表示性别的词缀是以后缀形式出现的。在湖南衡阳话中,鸡、鹅、鸭等家禽的性别标志是"公、婆",比如鸡公_{公鸡}、鸡婆_{母鸡}等;猫、狗、马、牛、羊等家畜的性别标志比较复杂,比如猫公 / 猫牯_{都指公猫}、猫婆_{母猫};老虎、狮子、狐狸等野兽的性别标志是"公子、婆子",比如狮子公子_{公狮子}、狮子婆子_{母狮子}。

3. 指示代词的二分与三分

代词有三类:第一,人称代词,比如"我,他们";第二,指示代词,比如"这,那儿";第三,疑问代词,比如"谁,怎么样"。代词在方言中有不少独特的表达方式,下面以指示代词为例。

在普通话中，指示代词是二分的，"这"指示比较近的人或事物，
"那"指示比较远的人或事物。近指代词除了"这"，还有"这里、这
么、这样、这些、这么些"等；远指代词除了"那"，还有"那里、
那么、那样、那些、那么些"等。在有些方言中，指示代词三分，比
如在山东寿光话中，指示代词分为近指"这"、中指"捏"、远指"那"。
例如：

是这个啊，是捏个啊，还是那个啊？ 是这个，是那个，还是更远的那个？

这个红的最近，捏个绿的远点儿，那个黄的太远了！ 这个红的最近，
那个绿的远一点儿，那个黄的最远了。

4. 双音节动词的重叠

普通话中的双音节动词可作"ABAB"式重叠，比如"研究研究、
讨论讨论、商量商量、比较比较"。方言中也有这一形式，不过还有
一些不同于普通话的用法。

在山东潍坊话中，该形式主要由动词带后缀"巴、拉"构成。这
类动词不少，表示的动作多数与手有关，表示动词的随便义，含有"不
必认真、随意做"的意味，比如"扫巴扫巴扫扫、擦巴擦巴擦擦、晒巴
晒巴晒晒、说巴说巴说说、拌拉拌拉拌拌、摇拉摇拉摇摇、撒拉撒拉把某物
撒开、驱拉驱拉用脚驱赶"。

5. 动词"来"和"去"

在普通话中，"来"和"去"做动词时可以是实义动词，如"我
来了"；还可以用于动词后表示一种趋向，这时其意义已经虚化，如
"他游泳去了"。它们在方言中还有一些不同的表达。

闽南方言的"来去+名词"格式主要表达"去"的意义，其中"来"
接近虚指，名词常常是表示处所的名词、方位词组等，该格式还可以

表示数量。此外，还有"来 + 动词""去 + 动词""来去 + 动词"等格式，这些格式都表示祈求、敦促等。例如：

来去泉州。到泉州去。

来去一两个。去一两个吧。

因仔来唱。小孩子唱。

阿姊去说。阿姊说去。

伯来去做衫裤。咱们做衣服去。

6. 趋向动词"起来"

在普通话中，"起来"用在动词或形容词后面，可表示动作或状态开始并且继续。方言中有不同的用法。

在甘肃兰州话中，"去"相当于普通话的"起来"。例如：

说去（了）容易，做去（了）难。说起来容易，做起来难。

在宁夏中宁话中，"动词 + 开"和"形容词 + 开"表示动作、行为、变化的开始，"开"的后面常带语气词"了"。例如：

吃开了。吃起来了。

麦子黄开了。麦子黄起来了。

在青海话中，"脱"用在动词的后面表示动作开始。例如：

电影演脱了。电影开始演了。

在闽南方言中，助词"着"表示开始，相当于普通话的"一……起来"。例如：

伊笑着真好看。他一笑起来真好看。

7. 助动词"能"

普通话中的助动词"能"在方言中有不同的用法。

在山西汾阳话中，表示能做某事，可以用"动词 + 的"格式。例如：

宰东西吃的吃不的咧？ 这东西能吃不能吃？

吃的喽。 能吃。

吃不的。 不能吃。

吃不的咧。 还不能吃呢。

吃不的啦。 已经不能吃了。

在江苏海门话中，"动词 + 得 + 来"或者"动词 + 勿来"表示"能怎么样、会怎么样"或者"不能怎么样、不会怎么样"。例如：

羊肉我吃得来。 我能吃羊肉。/ 我会吃羊肉。

他拉勿来胡琴。 他不能拉胡琴。/ 他不会拉胡琴。

8. 形容词的分类与重叠

（1）形容词分类

如表 10-2 所示，普通话中的形容词分为性质形容词和状态形容词。

性质形容词包括两类：单音节形容词、一般的双音节形容词。

状态形容词包括五类：第一，单音节形容词重叠式；第二，一般的双音节形容词重叠式；第三，"煞白、通红、稀烂"等，不同于上文所提"一般的双音节形容词"的重叠式；第四，带后缀的形容词；第五，"f+ 形容词 + 的"形式的合成词（f 代表"很、挺"一类的程度副词）。

表 10-2　普通话中的形容词分类及重叠式

比较项 类别	类　型		举　例	基式	重叠式
性质 形容词	单音节形容词		美、高、甜		
	一般的双音节形容词		大方、简单、规矩		
状态 形容词	单音节形容词重叠式		高高儿的	A 式	AA 儿的式
	一般的双音节形容词 重叠式		大大方方、简简单单、规 规矩矩	AB_1 式	AABB 式
			马里马虎、啰里啰唆、俗 里俗气		A 里 AB
	"煞白、通红、稀烂" 等双音节形容词的重 叠式		煞白煞白、通红通红、稀 烂稀烂	AB_2 式	ABAB 式
	带后 缀的 形容 词	单音 节带 后缀 ABB	黄澄澄、懒洋洋、亮晶晶		
		A 里 BC	嘀里嘟噜、花里胡哨、傻 里呱唧		
		A 不 BC	花不棱登、白不呲咧、酸 不溜丢		
		双音节带后缀	可怜巴巴、老实巴交		
	"f+ 形容词 + 的"形 式的合成词		很细的、挺帅的、怪可怜 的		

　　关于基式与重叠式的说明：其一，只有状态形容词才有重叠式；其二，有重叠式的词语才有其对应的基式，基式相当于"原形"；其三，把基式"AB 式"区分为"AB_1 式"和"AB_2 式"的必要性在于"AB_1 式"其实是性质形容词，而"AB_2 式"则是状态形容词。有关形容词重叠式的介绍详见下文"形容词重叠"部分。

　　由表 10-2 可见，有相当一部分形容词是没有重叠式的，它们在普通话和方言中也存在异同，下面举三个方言点的例子。

在山东潍坊话中，形容词的前缀基本跟普通话一样，不过其所能修饰的形容词却有差异。例如：

老：老远很远、老高很高、老大很大、老长很长

焦：焦酸很酸、焦粘很黏、焦干很干燥、焦黄颜色很黄

齁：齁咸盐分多、很咸、齁齁辣很辣

通：通黑很黑、通红很红

上述例子中，普通话没有的说法有"焦酸、焦粘、焦干、齁齁辣、通黑"。

此外，还有一点与普通话的不同之处在于：以上词语中有的可以改变表达方式，即把前缀变为后缀，并变成重叠音节，这样的形容词所表示的性状次于前者，如"辣齁齁有些辣、黑通通有些黑"。

在江苏苏州话中，有些三字格的形容词是由单音节词根 A 加上前缀 XY 构成的。这些前缀大多没有具体的意义，离开了词根往往就不可理解，但与词根结合后则具有加强程度和描写的作用，比如"滴溜圆、血沥尖、墨出黑、煞辣白、塔辣扁、石刮硬、龙统湿、笔笃直"。其中，"滴溜圆"虽然没有收入《现代汉语词典》中，但在日常口语中形容极圆的东西时也会说，其他的则都是方言词了。

（2）形容词重叠

根据普通话中形容词组成成分的重叠形式，介绍以下四种情况：

1）在普通话中，形容词基式"A 式"的重叠形式是"AA 儿的"，表示强调，比如"大大儿的、慢慢儿的"。下面介绍方言的两种情况：

第一，方言有 AA 式，不过在有些方言中这一形式构成的是名词。

在山西文水话中，该形式指称事物，比如"甜甜专指玉米秆、高粱秆下半部分，可嚼碎曝出甜汁、大大指姐姐，而且特指大姐，二姐、三姐很少称二大大、三大大"。

在成都话中，该形式变成与形容词意义有联系的名词，在口语中带有贬义，比如"憨憨呆傻的人、广广来自外地，因情况不熟而受蒙骗的人"。

在湖南汝城话中，AA 式必须加词尾"子"，表示程度不深，有"略、稍微"的意思，比如"瘦瘦子瘦瘦的、大大子大大的"。

第二，方言还有 AAA 式。

在闽南方言中，AAA 式表示程度很高，比如"红红红非常红、幼幼幼非常细，非常嫩、热热热情绪高涨，温度很高"。这一形式还有许多变化，比如 A 阿 AA 式（红阿红红）、A 阿 AAA 式（红阿红红红）、A 阿 AAAA 式（红阿红红红红）、A 阿 AAAAA 式（红阿红红红红红）……有时为了更好地突出事物的性状，强调其程度之深、数量之大，就在 A 阿 AA 式的第二、第三个 A 前分别用数词"百、千、万"或者副词"尽、成"等修饰，于是就有了"红阿百红千红、红阿万红千红、红阿千红百百红、红阿尽红千红、红阿成红万万红"等说法。

2）在普通话中，AB_1 式形容词的重叠形式有两种：一是 AABB 式，表示强调，比如"干干净净、漂漂亮亮、整整齐齐"；二是 A 里 AB 式，表示嫌恶，比如"糊里糊涂、慌里慌张、啰里啰唆"。

在陕西神木话中，AA 儿 BB 式更强调状态的程度达到极点，带有强烈的厌恶色彩，比如"黢黢儿黑黑、尽尽儿够够、雪雪儿甜甜"。

在湖南临武话中，A 里 AB 式也表示嫌恶，比如"脱里脱帽说话很啰唆、蹊里蹊跷很奇怪、可疑、暗里暗心不爱讲话，很古怪"。

在苏州话中，AABB 式用得更广，比如"安安逸逸、小小气气、吃吃力力、肉肉麻麻"等。

3）在普通话中，基式 AB_2 式的重叠形式是 ABAB 式。这一形式在各地方言中，有的多见，有的少见。

在广东海丰话中，双音节形容词的重叠式，一般只有 ABAB 式，比如"轻健健康、素细小心、大套大方"对应的重叠式分别为"轻健轻健、素细素细、大套大套"。当地也有极少数双音节形容词可以重叠为 AABB 式，一般只要在口语中有 AABB 式，那么肯定同时存在

ABAB 式，比如有"欢欢喜喜"，也有"欢喜欢喜"。由此推测，当地 AABB 式是受书面语或者普通话影响而后起的。

在厦门话中，这种形式较少，有"秋青秋青凉快凉快、生气生气生硬、矮顿矮顿矮胖"等。

在广东汕头话中，这种形式的使用频率比 AABB 式还高，有"小生小生像小生一样秀气的、白仁白仁傻乎乎的、矮下矮下矮墩墩的"等。

4）在普通话中，形容词还有 ABB 式，比如"水灵灵、红彤彤、沉甸甸"。这不是形容词重叠式，因为其本身就已经存在了，其构成形式是"单音节形容词 + 重叠后缀"。由于这类 ABB 式属于状态形容词，后缀 B 是重叠的，在方言中也有很丰富的表现形式（比如 BBA 式），因此一般方言研究中将其看作带双音后缀（即 ABB）、双音偏正前叠（即 BBA）的形式，常常与状态形容词的其他重叠现象一起讨论，故在此加以介绍。

在河南洛阳话中，ABB 式用得很多，比如"结实实、现成成、宽绰绰、明朗朗"等。

方言中的 BBA 式可表示程度加深，有"很，非常"之意，比如湖北英山话有"冰冰冷很冷、梆梆紧很紧、扭扭软很软"等，安徽歙县话有"漆漆黑很黑、笔笔直很直、崭崭新很新"等。

在广东海丰话中，有 ABCABC 式，比如"清气相清气相干净、三种花三种花微醉"。这一形式可以受副词"很"修饰，比"ABC 式"的语气弱，可以带弱化词尾"仔"，往往表示一种亲昵的感情。

9. 副词的分类与用法

副词的基本作用是修饰动词和形容词。副词包括六类：第一，程度副词，比如"很、非常、格外"；第二，情态副词，比如"大力、亲自、悄悄"；第三，时间、频率副词，比如"马上、经常、忽然"；第四，范围副词，比如"都、仅仅、也"；第五，否定副词，比如"不、没有、未"；第六，语气副词，比如"难道、偏偏、也许"。之所以列出这些类型，主要是为了方便与方言中的副词进行比较，增进对副词在普通话中用法的理解。下面比较这六类副词在方言中的用法。

第一，程度副词。在安徽阜阳话中，"很"的组合能力特别强。除了"很好"（"很"修饰形容词）、"好得很"（形容词＋得＋很）等同普通话一样的用法外，还有普通话中没有的其他用法。例如：

他对我好得很得很。（重复"得很"相当于普通话"非常＋形容词"）

他的字写得很得很得很。（重复两次"得很"相当于普通话"非常＋非常＋形容词"）

叫你很哭，我不理你了。（"很＋动词"相当于普通话"过分＋地＋动词"）

你妈病很了，还不赶紧送医院瞧？（"动词＋很"相当于普通话"动词＋得＋太＋厉害"）

你妈病得很，快回家去瞧瞧吧。（"动词＋得＋很"相当于普通话"动词＋得＋厉害"，在程度上比"动词＋很"减弱了）

你妈病得很得很，快送医院抢救。（"动词＋得＋很＋得＋很"相当于普通话"动词＋得＋非常＋非常＋厉害"或者"动词＋得＋实在＋太＋厉害"）

你毛娃哭得很得很得很，快去，快去！（"动词＋得＋很＋得＋很＋得＋很"，有时出于强调还可以再加"得＋很"）

第二，情态副词。在江苏沭阳话中，需要注意情态副词"单工"和"单停"。例如：

这是单工给你买的。（"单工"相当于普通话的"专门、特地"）

我单停气气他的。（"单停"跟"单工"类似，但更强调不怀善意）

第三，时间、频率副词。在江苏沭阳话中，需要注意时间副词

"随赶"和"马快"。例如：

他一走，你随赶就到了。（"随赶"相当于普通话的"紧接着"）

马快就上课了。（"马快"相当于普通话的"马上"）

第四，范围副词。在湖北英山话中，有些用法是普通话没有的。例如：

同学们哈在看电视。同学们都在看电视。（"哈"相当于普通话的"全、都"）

你净玩，不做作业。你光玩，不做作业。（"净"相当于普通话的副词"光"）

第五，否定副词。在湖南临武话中，"没是、没对、没会、没准、没好、没好听、没晓得、没见得、没得已、没一定、没可能、没对头、没必要、没满意"等中的"没"可用普通话的"不"代替；形容词前的"不"常用"冒咯"，比如"冒咯胖、冒咯高、冒咯硬、冒咯黑"相当于普通话中的"不胖、不高、不硬、不黑"。

第六，语气副词。在河南安阳话中，语气副词"掌猛儿"表示推测。例如：

他掌猛儿快来了。他大概快来了。

在粤方言中，"梗"相当于普通话的"一定"。例如：

我天日梗来。我明天一定来。

10. 介词的分类与用法

介词一般用在名词、代词或名词性短语前面，与之组成介词结构。介词有七类，一些常用介词在普通话和方言中的用法存在容易混淆的情况，因此应仔细辨析。

（1）表对象的介词，普通话常用的有"对、对于、关于、被、把、同、向、跟"等。例如：

关于这本小说的特色，我们明天再介绍。

在贵阳话中，介词"着"相当于普通话的介词"被"，其后引进动作行为的施事者。例如：

耗子着猫猫吃了。 老鼠被猫吃了。

着雨淋了。 被雨淋了。

在歙县话中，"帮"相当于普通话的"把"。例如：

阿人徽州帮玉米叫苞芦。 我们徽州把玉米叫苞芦。

在湖北随州话中，"问"相当于普通话的"向"。例如：

问老师要作业。 向老师要作业。

（2）表处所、方向的介词，普通话常用的有"在、向、到、往、从、由、沿着"等。例如：

继续向东走，就到了。

在浙江温州话中，"是"相当于普通话介词"在"。例如：

阿弟是学堂里读书。 弟弟在学校里念书。

佢是北京工作。 他在北京工作。

在河南安阳话中，"给"和"顶"分别相当于普通话的"向"和"到"。例如：

抬起头来，给前看！ 抬起头来，向前看！

火车上挤死了，我在徐州上车，一直站顶济南。 火车上挤死了，我在徐州上车，一直站到济南。

在山西闻喜话中，"靠"相当于普通话的"往"。例如：

他撵你，你就靠屋里跑。 他撵你，你就往屋里跑。

在广东阳江话中，"采"相当于普通话的"从"。例如：

采屋已到学堂，日日都要行铺几路。 从家里到学校，每天要走十来里路。

（3）表方式、方法、依据的介词，普通话常用的有"根据、按照、通过、拿、用"等。例如：

拿手机拍更方便。

在上海话中，"照仔"和"照"相当于普通话的"按照"。例如：

照仔辬个样子画一画。 按照这个样子画一画。

为啥勿照我讲个样子做？ 为什么不按照我讲的样子做？

在湖北随州话中，介词"过"表工具、方式，相当于普通话的介词"拿、用"，比如"过刀切、过碗装、过手打、过抹布揩、过本子写"。

（4）表时间的介词，普通话常用的有"当、从、到、自从、于"等。例如：

他自从上了小学，懂事多了。

在江苏宿迁话中，介词"起"相当于普通话的介词"从"。例如：

起今天开始，我再也不迟到了。 从今天开始，我再也不迟到了。

在广东阳江话中，"采"相当于普通话的"自从"。例如：

采解放那年到果阵，我未回过一次家。 自从解放那年到现在，我没回过一次家。

（5）表原因、目的的介词，普通话常用的有"为了、为着、为"等。例如：

为了提高普通话水平，他每天坚持练习普通话。

在上海话中，介词"为仔"与普通话的介词"为了"完全对应。例如：

为仔辬眼眼小事体，苦头吃得忒多。 为了这点儿小事情，吃了很多苦头。

为仔复印辬个几本书，用脱交关辰光。 为了复印这几本书，花了很多时间。

（6）表比较的介词，普通话常用的有"比、和、与、同"等。例如：

她同姐姐一样漂亮。

在山西闻喜话中，介词"起"相当于普通话的"比"。例如：

妹子起姐姐长得高。 妹妹比姐姐长得高。

在安徽巢湖话中，"搞"可以用作介词，相当于普通话的"和"。例如：

婆婆搞媳妇不和。婆婆和媳妇不和。

（7）表排除的介词，普通话常用的有"除、除了、除去、除非"等。例如：

除一人因事请假以外，全体学生都已报到。

她除了唱歌，还会跳舞。

在广州话中，介词"除咗"相当于普通话的介词"除了"。例如：

我哋听日嘅任务除咗整秧地重要揾啲人去积肥。我们明天的任务除了整秧地还要找些人去积肥。

11. 连词的分类与用法

连词能够连接词、短语、分句和句子，并确定所连接成分之间的逻辑关系。连词可按逻辑关系分为八类，常用的连词在普通话和方言之间也存在字形、字义关系容易混淆的问题，因此要仔细辨认。下面按八类情况，各选一两个方言点为例与普通话进行比较。

（1）表示并列关系的连词，普通话常用的有"和""同""也""还"等，在并列关系复句中常用的关联词有"一边（儿）……一边（儿）……""一方面……一方面……""既……又……"等。例如：

她既唱歌又跳舞。

在江苏沭阳话中，"对"可用作连词，相当于普通话的连词"和"。例如：

你大哥、对你二哥、对你大姐都来家了。你大哥、你二哥和你大姐都到家里来了。

在山东潍坊话中，关联词"一么……一么……"和"赶着……赶着……"分别相当于普通话的"一边（儿）……一边（儿）……"和

"又……又……"。"赶着……赶着……"用于在时间仓促的情况下同时应对几方面的工作，表现出一种急切的情状。例如：

张老汉一么走路，一么哼着地方小调。张老汉一边儿走路，一边儿哼着地方小调。

大伙赶着为他烧水做饭，赶着帮他拾掇行李。大伙又为他烧水做饭，又帮他拾掇行李。

（2）表示选择关系的连词，普通话常用的有"或""或者""不是……就是……""与其……不如……""宁可……也不……""要么……要么……"等。例如：

外面风雨交加，我宁可待在家里，也不去看电影。

在江苏江阴话中，"有得……不抵……"相当于普通话的"与其……不如……"。例如：

有得这样拖着，不抵早点离婚。与其这样拖着，不如早点离婚。

在宁夏固原话中，"不咧"在表示选择的意义时，相当于普通话的连词"要不然"或者"要么"。例如：

我们三个人只有一张电影票，不咧你去，不咧他去，不咧我去，反正只能去一个人。我们三个人只有一张电影票，要么你去，要么他去，要么我去，反正只能去一个人。

（3）表示承接关系的连词，普通话常用的有"就""便""才""然后""于是"等。例如：

他先去了西安，然后去了敦煌。

在粤方言中，"于是乎"使用很普遍，相当于普通话的"于是"。例如：

佢准备咗几个月，于是乎考中咗大学。他准备了几个月，于是考上了大学。

（4）表示递进关系的连词，普通话常用的有"不但（不仅、不光）……而且（还、也）……""尚且……何况……"等。例如：

这条裙子的设计不仅古典，而且时尚。

在广州话中，递进复句常用的关联词语是"唔止……重……""都……何况……"，分别近似于普通话的"不但……还……""不仅……还……"。例如：

为咗完成呢个任务，佢日头唔止唔抖下，好夜重唔肯瞓添。_{为了}

<small>完成这个任务，他白天不但不休息一下，晚上很晚还不肯睡觉。</small>

（5）表示因果关系的连词，普通话常用的有"因此""故此""故而""因为……所以……""之所以……是因为……""由于……因而……"等。例如：

这本书对我学习发音很有帮助，因此我毫不犹豫地买了下来。

在浙江宁波话中，"格勒"相当于普通话的连词"所以"。例如：

公共汽车勿通，格勒小王没来。<small>公共汽车没通，所以小王没来。</small>

在广东阳江话中，"因系"和"因"表示因果关系。例如：

其因系工作好落力，大家选其做劳动模范。<small>他因为工作积极，大家选他</small>

<small>当劳动模范。</small>

（6）表示转折关系的连词，普通话常用的有"但是""但""然而""只是""竟然""倒""虽然（虽、尽管）……但是（但、可是、而、却）……"等。例如：

虽然降温了，但他还是一早就出门锻炼去了。

在湖南汝城话中，"任话"相当于普通话的"虽说""虽""虽然""尽管"，"甲念"相当于普通话的"只是""不过"。例如：

任话刁，也要发肯。<small>虽说聪明，也要努力。</small>

有开水，甲念系冷个。<small>有开水，不过是冷的。</small>

（7）表示假设关系的连词，普通话常用的有"如果（假如、若、要是、要）……就（那么、便、那就）……""即使（即便、就算、哪怕）……也（还、还是）……"等。例如：

如果天气好，我就出去散步。

在内蒙古包头话中，"若发"表示假设关系，相当于普通话的"如果"，只和"不信"一起使用。例如：

若发不信，你亲自去看一看。如果不信，你亲自去看一看。

（8）表示条件关系的连词，普通话常用的有"只要……就……""只有……才……""除非……才……""无论（不管、不论）……都……"等。例如：

只要时间来得及，我就去买水果。

在河南安阳话中，"不拣"是表示无条件关系的连词，相当于普通话的"不管"或"不论"。例如：

不拣谁都行，只要把事办成。不管是谁都行，只要把事办成。

在山东潍坊话中，"但自……就……"相当于普通话的"只要……就……"。例如：

但自身体好点，这些活我就自己干。只要身体好点，这些活我就自己干。

12. 助词的分类与用法

在普通话中，助词附着于词或词组之后，表示一定的附加意义，且大都读轻声。方言中的助词大多也是这样，但有不少助词容易同普通话的发生混淆，此外，有些助词还会使用不太常见的字。

（1）结构助词

普通话中的结构助词是"的""地""得"。

河南安阳话中只有一个结构助词"嘞"，读轻声，相当于普通话中的结构助词"的""地""得"。例如：

高尚嘞风格 高尚的风格

轻轻嘞拍了一下。轻轻地拍了一下。

累嘞慌了。累得慌了。

在安徽歙县话中，"哩"相当于普通话中的结构助词"地""得"；"家"只能用在表示领属关系的定语后面，而且其中心词也只能是亲属称谓词或者由方位词构成的处所名词，相当于普通话中的结构助词"的"。例如：

好好哩走。好好地走。

急哩肚里都爬出脚来啰。急得不得了。

阿家哥 我的哥哥

（2）时态助词

在普通话中，助词"着"表示正在进行的动作或状态在持续之中，"了"主要表示完成的动作行为，"过"表示完成的动作或曾经发生的动作、曾经具有的状态。这些在方言中都有不同的表现形式。

1）助词"了"在方言中的表现形式

在一些吴方言中，可以用动词重叠的形式表示动作的完成，比如浙江永康话有如下说法：

饭食食再去吧！吃了饭再去吧！

信寄寄就来。寄了信就来。

在闽方言中，"有"的用法很多，其中之一是位于动词之前，表示完成态。例如：

福州话：我有收着汝个批。我收到了你的信。

厦门话：伊有食我无食。他吃了，我没吃。

潮州话：你有睇电影阿无？你看了电影没有？

在青海西宁话中，常常在及物动词后面带一个"给"，表示动作完成。例如：

炉子生给了。炉子生好了。

青稞种给了几百亩啊。青稞种了几百亩。

脚叫石头碰给了一挂。脚被石头碰了一下。

2）助词"着"在方言中的表现形式

在江苏溧水话中，"则"可以表示进行态。例如：

揿则嘴笑。揿着嘴笑。

在广州话中，单音节动词重叠后加"下"表示动作正在进行，有"正……着"的意思；"动词＋下＋动词＋下"表示动作持续下去，相当于"……着……着"，一般不带宾语。例如：

行行下街忽然之间落起雨上嚟。正在街上走着，忽然下起雨来。

睇下睇下，越睇越开心。看着看着，越看越开心。

在长沙话中，"单音节动词＋起＋名词"和"单音节动词＋起（＋名词）＋动词"格式表示正在进行，其中"起"相当于普通话的"着"。例如：

骑起一部新单车。骑着一辆新自行车。

揿起嘴巴笑。揿着嘴巴笑。

在贵阳话中，"动词＋倒"格式中的"倒"相当于普通话的"着"。例如：

坐倒吃饭。坐着吃饭。

在山西临汾话中，"喽"表示动作正在持续。例如：

墙底下睡喽一个人。墙底下睡着一个人。

3）助词"过"在方言中的表现形式

在广东海丰话中，"有＋动词"相当于普通话的"动词＋过"。例如：

我中午有困。我中午睡过了。

在昆明话中，助词"着"表示过去曾经有这样的事情。例如：

他当着知青，当着兵，当着工人，还上着大学，经历丰富得很。

他当过知青，当过兵，当过工人，还上过大学，经历丰富得很。

在安徽歙县话中，常用"动词＋过……过"表示过去的经历。

例如：

阿到过上海过。我去过上海。

在湖南邵阳话中，"动词＋嘎＋宾语（或者补语）"格式表示经历。例如：

行嘎一回哩。走过一趟了。

13. 语气词的用法

在普通话中，"吗、呢、啊、啦、嘛、吧"等语气词用在句末，表示语气，包括陈述语气、疑问语气、祈使语气和感叹语气。例如：

你等等我嘛。（表示陈述语气）

你明天来吗？（表示疑问语气）

打开窗户吧！（表示祈使语气）

太美啦！（表示感叹语气）

在安徽歙县话中，"啰"表示陈述语气，相当于普通话的"了"。"哇"可以表示感叹语气、请求语气和疑问语气。"喊"主要表示祈使语气。例如：

毛绳衣裳阿帮你打好啰。毛线衣我给你织成了。

你真好哇！你真好啊！

请你出去哇！请你出去吧！

你吃杯酒哇？你喝杯酒吗？

你走过来喊！你走过来！

在兰州话中，"来"表示疑问语气，相当于普通话的"呢"。"哨"可以用在疑问句、陈述句和祈使句中，用在疑问句中表示"求得证实"，相当于普通话的"吧"，或者表示怀疑，相当于普通话的"呢"；用在祈使句中表示劝告等。"哩哨"表示的意思和"哨"差不多。"蛮"用在陈述句末尾，相当于普通话的"嘛"；用在句中表示停顿，相当于普通话的"啊"。例如：

你给捎的信来？ 你给带的信呢？

大春是她的爱人哕？ 大春是她的爱人吧？

价算了哕！ 算了吧！

他天天都在哩哕？ 他每天都在吧？

他大娘对我好蛮。 他大娘对我好嘛。

把他蛮，就说着走了。 把他劝走了。

（二）语序的差异

语序是汉语的一个重要语法手段。在一个句子中，句法成分的排列顺序有时会影响句法结构关系，进而影响句子表达的意义。汉语最基本的语法结构是"主语＋谓语（＋宾语）"、修饰语位于被修饰语之前等。各地方言大多也是这样，但是还存在一定的差异，下面我们分三种情况进行介绍。

1. 双宾语的位置

有些动词可以带两个宾语，比如"给她两朵花"，其中，指人的宾语"她"叫间接宾语，指物的宾语"花"叫直接宾语。普通话动词带双宾语的结构是：动词＋间接宾语＋直接宾语。不过，在不少方言中，间接宾语和直接宾语的位置刚好跟普通话的相反。例如：

上海话：我拨一本书侬。 我给你一本书。

浙江金华话：尔送本书佢。 你送他一本书。

广东海康话：伊乞本书我。 他给我一本书。

河南罗山话：给一本书他。 给他一本书。

河南新县话：给本书我。 给我一本书。

2.状语的位置

在普通话中，状语一般在谓语之前，但在一些方言中有状语后置的现象，具体分以下四种情况：

（1）表数量的状语后置

广东汕头话：食加点仔。多吃点儿。

广东梅县话：食多两碗！多吃两碗！

江西丰城话：吃碗饭凑。再吃一碗饭。

（2）表频率、范围的状语后置

广东信宜话：你讲少几句。你少说几句。

湖南酃县话：买添两斤。再买两斤。

湖南汝城话：着翻一件衫。再穿一件衣服。

（3）表程度的状语后置

浙江温州话：你画好甚嘛！你画得相当好嘛！

广东潮州话：伊肥死。他太胖。

山西万荣话：今儿个冷得太。今天很冷。

（4）表时间顺序的状语后置

广州话：我行先，你等一阵来。我先走，你等会儿来。

长沙话：你走头啰，我马上就来。你先走吧，我马上就来。

浙江丽水话：你去先，我勃来。你先去，我就来。

3.补语的位置

当谓语动词后面有补语和宾语的时候，补语一般紧跟在动词后，因为其与动词的关系更密切，所以一般格式是：谓语动词＋补语＋宾语。在有些方言中，补语和宾语的位置刚好相反。例如：

河南罗山话：我打他不赢。我打不赢他。

浙江温州话：我睎佢勿着。我看不到他。

广州话：我打佢唔过。我打不过他。

（三）句式的差异

除了上文的双宾语句式，下面再比较四种学习普通话过程中容易发生偏误的句式。

1. 比较句

根据比较的结果，比较句有结果相同的比较，也有结果不同的比较。前者格式是：甲＋连词＋乙＋比较语。后者格式是：甲＋比＋乙＋比较语。

结果相同的比较句，方言和普通话的格式一致，但是连词会有差异。例如：

闽南话：鸭角合鸭种同齐大。雄鸭跟雌鸭一样大。

上海话：阿哥得阿弟一样聪明。哥哥和弟弟一样聪明。

结果不同的比较句，方言有一些不同于普通话的地方。例如：

山东潍坊话：他走路快起我。他走路比我快。

闽北话：他悬去我。他比我高。

闽南话：伊大汉我。他比我高大。

广东汕头话：伊大（过）我。他比我大。

广州话：佢细过我。他比我小。

广西廉州话：大虾贵过大鱼。大虾比大鱼贵。

2. 处置句

在普通话和方言中，处置句的格式相同：介词＋名词或名词性短语（动词的支配对象）＋动词。两者的不同之处在于介词的不同。在普通话中，处置句是"把字句"，介词"把"能够把动词支配的对象提到动词之前，强调动作的结果，格式是：把＋名词或名词性短语＋动词。有些方言不用"把"，而用其他介词。例如：

山西新绛话：招门关上。把门关上。

云南鹤庆话：你要帮人气死啰！你要把人气死啰！

广东潮州话：伊将我个碗扣破喽。他把我的碗打破了。

3. 被动句

在普通话中，典型的被动句格式是：受事＋被（＋施事）＋动词，有时省略施事，或者原本也说不出施事，除了介词"被"，还可以用介词"叫""给""让"。有些方言虽然也用这些介词表示被动意义，但意义色彩不一定完全与普通话的相同。另外，还有些方言不用这些介词表示被动意义。例如：

宁夏固原话：他遭老师批评了一顿。他被老师批评了一顿。

浙江金华话：个碗等佢打打破。一个碗被他打破了。

广西桂柳话：这座桥挨水冲垮了。这座桥被水冲垮了。

4. 疑问句

在普通话和方言中，疑问句主要有以下四种类型，在句式、疑问词等方面存在差异。

（1）是非问句

甘肃临夏话用"……是……就是啦"表示判断。例如：

你是学生就是啦？你是学生吗？

在山西交城话中，"勒"是语气词。例如：

你记得勒不勒？你记得吗？

（2）特指问句

山东淄博话：绳子有多长短？绳子有多长？

广东汕头话：伊底天时来？ 他什么时候来？

宁夏中宁话：你吃的啥是？ 你吃的什么？

（3）选择问句

山西新绛话：还不知道兰花来焉不来哩？ 还不知道兰花来还是不来？

甘肃临夏话：你写字呢吗看书呢？ 你是写字呢还是看书呢？

湖南炎陵话：先着袜子阿先着裤子？ 先穿袜子呢还是先穿裤子？

（4）反复问句

反复问句在各地方言中有不同于普通话的表达格式。

在东北方言中，口语中主要用"动词（＋宾语）＋不"格式，有时可以没有宾语。例如：

去不？ 去不去？

他知道不？ 他知道不知道？

山西交城话用"动词＋嘞＋不＋动词＋嘞"格式，其中动词是同一个动词。例如：

走嘞不走嘞？ 走不走？

山东枣庄话用"动词＋不"格式。例如：

例坐不？ 坐不坐？

安徽霍邱话用"可＋动词""可＋形容词"格式。例如：

这样做可可以？ 这样做可以不可以？

你妈给你的钱可多？ 你妈给你的钱多不多？

在昆明话中，疑问副词"格"与动词构成疑问句。例如：

你格认得？ 你认得不认得？

在苏州话中，疑问副词"阿"与动词构成疑问句。例如：

耐阿晓得？ 你知道不知道？

在浙江绍兴话中，反复问句可以用单音节动词、单音节形容词和助动词等重叠形式，还可以用双音节动词"欢喜、晓得"等构成的

AAB 式。例如：

伊来来东屋里？ _{他在不在家？}

大家商量商量好好？ _{大家商量一下好不好？}

诺好好门朝上昼再来？ _{你能不能明天上午再来？}

葛双鞋诺欢欢喜？ _{这双鞋你喜欢不喜欢？}

浙江金华话用"动词＋弗"格式。例如：

尔去弗？ _{你去不去？}

福建莆田话用"有＋动词＋无＋动词"格式。例如：

厝里有人无人？ _{屋里有没有人？}

汝有食丸子无食丸子？ _{你吃元宵了没有？}

广州话用"动词＋唔＋动词"格式。例如：

佢嘅病啱好，去唔去得呀？ _{他的病刚好，能不能去呀？}

你今日睇唔睇得完呢本书呀？ _{你今天能不能看完这本书？}

广东阳江方言用"有冇＋动词"格式。例如：

其有冇去呢？ _{他有没有去？}

二、改革开放以后突显的语法现象

语言随着社会的发展不断变化，在社会变革剧烈的时代，语言的发展往往更加迅速，变化也更加丰富。改革开放以后，出现了不少新的语法现象，新词族与"副词＋名词"的流行就是其中的代表。

（一）新词族的出现

涉及构词法的新现象有不少，在此主要介绍新词族。

改革开放后，伴随着新事物的产生与发展、新风尚的形成与流行，迅速滋生了一批词族。词族中的新词语相互关联，有很强的能产性。

1. 相同语素在前

网：网站、网址、网页、网卡、网管、网主、网名、网民、网友、网龄、网校、网文、网聊、网费、网邮

股：股市、股民、股友、股资、股势、股价、股经、股权、股改、股评、股盲

零：零距离、零起点、零增长、零首付、零接触、零换乘、零事故、零辐射

绿色：绿色农业、绿色食品、绿色蔬菜、绿色产业、绿色产品、绿色家电、绿色包装、绿色科技、绿色汽车

2. 相同语素在后

吧：酒吧、网吧、话吧、茶吧、陶吧、氧吧、水吧、迪吧、书吧、聊吧、休闲吧、露天吧

坛：文坛、曲坛、画坛、歌坛、影坛、艺坛、体坛、乐坛、乒坛、足坛、泳坛、羽坛、棋坛、邮坛

股：沪股、深股、持股、抛股、增股、送股、老股、新股、旺股、险股、A股、B股、国企股、热门股、潜力股、成长股、强势股、蓝筹股、龙头股、绩优股、亏损股、垃圾股、二手股、普通股、原始股、流通股、法人股、国家股、网络股、发起人股、公用事业股、职工内部股

盘：买盘、卖盘、早盘、尾盘、抛盘、操盘、控盘、托盘、护盘、崩盘

仓：建仓、持仓、满仓、平仓、斩仓、增仓、补仓、震仓、半仓

族：上班族、本本族、有房族、追星族、名牌族、手机族、刷卡族、打工族、持卡族、休闲族、工薪族

热：出国热、股票热、文化热、汉语热、书法热、考研热、文凭热、

旅游热、经商热、收藏热、宠物热

工程：形象工程、实事工程、民心工程、希望工程、满意工程、慈善工程、菜篮子工程、送温暖工程、五个一工程、百千万工程、211 工程、985 工程

（二）"副词 + 名词"的流行

自 20 世纪 60 年代开始，学者们就陆续对这一现象进行研究了。当时这一现象主要出现在口语和一些文学作品中。改革开放以后，随着大众传播媒体的迅猛发展、大众生活的日益丰富，这一现象大有一发而不可收之势，除了口语、文学作品以外，在大众传播媒体、新媒体等交际领域随处可见。

以下举例中的 A 组和 B 组是我们根据使用时的语感对这类词进行的分类。说 A 组时，往往能够自然地脱口而出，而 B 组在使用时似乎还需要一些思考措辞的时间。

1. 很 + 名词

A 组：很热门、很诗意

B 组：很智慧、很技巧、很青春、很热血、很天文、很高原、很生活、很文艺、很文学、很风度、很款式

2. 非常 + 名词

A 组：非常君子、非常阳光、非常阿 Q

B 组：非常生活、非常音乐、非常细节

3. 最 + 名词

A 组：最基础、最前线、最大众

B 组：最款式、最福气、最天才

4. 太 + 名词
A 组：太原则
B 组：太细节、太公式

5. 特 + 名词
A 组：特官僚
B 组：特知音、特市侩

三、语法的规范原则与使用原则

语法本身就是试图找到语言"运行"的词法规则和句法规则。在鲜活的、变化着的语言事实面前，静止的语法规则如何指导人们的语言实践？这就涉及语法的规范原则和使用原则问题。

（一）语法的规范原则

现代汉语语法规范的标准是典范的现代白话文著作。那么如何根据现实情况不断"校正"所制定的规范呢？我们认为现代汉语语法的规范原则有两条：第一，尽量以现代汉语的规范形式表情达意；第二，尽量以现代汉语语法体系为纲评定以大数据为基础所确定的规则的适用性。这些规范原则的确立有助于建立科学的语言规范观，从而有助于形成语音、词汇和语法协调发展的和谐局面。

（二）语法的使用原则

现代汉语方言十分复杂，社会语言生活又空前活跃，只有在规范原则的基础上提出具体的使用原则，才能使规范工作落到实处。现列出以下三条使用原则供参考：

第一，掌握普通话已有的词法规则和句法规则。

由上文可见，各地方言与普通话在词法和句法方面存在差异，且多有词形和词义容易混淆的情况；同时，流行表达此起彼伏，类型多样，且不符合已有语法规范的表达常引起争议。通过对自己方言的观察以及对流行表达方式的观察，我们可以更好地理解并掌握普通话的词法规则和句法规则。

第二，建立语音、词汇和语法联动的意识。

不论是一个旧语言现象的"被放大"（如上文"副词＋名词"格式），还是一个新语言现象的产生（像"秀、酷"等），都会涉及语言三要素的联动。英语单词 show 在社会上广泛流通，赋予中文已有的"秀"字以"表演、演出"这一新的含义，《现代汉语词典》已将"秀"的这一含义单立了新的条目，所举例子有"作秀、时装秀、泳装秀"。英语单词 cool "形容人外表英俊潇洒，表情冷峻坚毅，有个性"，中文已有的"酷"字被赋予了这一含义，《现代汉语词典》也已将"酷"的这一含义另立了一个条目。因此，从词汇上看，现代汉语中出现了两个新词"秀"和"酷"；从语音上看，show 和 cool 以译音方式进入到普通话；从语法上看，"秀"是构成名词的一个语素，"酷"是形容词（比如可以说"他很酷"）。汉字是表意文字，从字形上看，新词"秀"和"酷"与原有的"秀"和"酷"是形同而义不同的字。此外，新词"秀"在实际语言生活中还可以做动词，比如"秀一秀""让宝宝秀一下自己的花裙子"。这一用法已经很常见，但目前"秀"的动词义项还未被《现代汉语词典》收入。

第三，树立动态语言观。

对新产生的事物、被淘汰的事物、变动中的事物，不同的人有不同的态度：有的喜变，"喜新厌旧"；有的拒变，"抱残守缺"；有的厌变，"循规蹈矩"；有的渐变，"与时俱进"……我们应该客观地看待语言的动态变化与发展。发现和介绍新的、好的语言现象是一种更为积极的规范态度。规范的目的是更好地服务语言生活，推动社会生活的发展。

第十一章
普通话水平测试概说

要了解普通话水平测试，我们需要回答以下三个问题。第一个问题是什么是普通话水平测试，第二个问题是普通话水平测试测什么，第三个问题是普通话水平测试怎么测。

一、什么是普通话水平测试

（一）普通话水平测试的含义

普通话水平测试是一项大规模的国家通用语言测试，通过口试来测查应试人的普通话规范程度、熟练程度，认定其普通话水平等级。

普通话水平测试的发展在我国经历了一个历史时期。1982 年修订的《中华人民共和国宪法》第十九条规定"国家推广全国通用的普通话"，明确了"推广普通话"是一项国家语言政策。1986 年 1 月，第二次全国语言文字工作会议召开，提出了普通话水平等级划分的初步构想。此后，经过进一步酝酿、立项研制和试测，1994 年，普通话水平测试在全国范围内正式开展。

到目前为止，普通话水平测试已经实施了 30 年，历年测试总量超过 1 亿人次，已经发展成为一项相对成熟、科学的口语测试，是一项有法可依、具有国家级权威的大规模的口语测试。普通话水平测试是促进普通话推广普及和应用水平提高的基本措施之一，是推广普通话工作走上科学化、制度化、规范化、法治化的重要成果和显著标志。对我们学习普通话的人来说，它是一种有效的检测手段，是我们学习普通话的好帮手。

（二）普通话水平测试的对象

哪些人需要参加普通话水平测试呢？根据《普通话水平测试管理规定》，以普通话为工作语言的下列人员，在取得相应职业资格或者从事相应岗位工作前，应当根据法律规定或者职业准入条件的要求接受测试：1.教师；2.广播电台、电视台的播音员、节目主持人；3.影视话剧演员；4.国家机关工作人员；5.行业主管部门规定的其他应该接受测试的人员。此外，师范类专业、播音与主持艺术专业、影视话剧表演专业以及其他与口语表达密切相关专业的学生应当接受测试。对于这些人群来说，普通话水平测试具有一定的法律强制性。同时，《普通话水平测试管理规定》第十二条还规定了"社会其他人员可自愿申请参加测试。在境内学习、工作或生活3个月及以上的港澳台人员和外籍人员可自愿申请参加测试"。因此，普通话水平测试的服务范围是非常广泛的，很多院校把测试作为普通话课程的考查方式，社会其他行业想了解自己普通话水平、对普通话学习有兴趣的人士，也可以报名参加测试。

（三）普通话水平等级和等级标准

普通话水平测试是一种标准参照性的等级考试，在确立了普通话的等级和等级标准之后，通过与应试人的测试成绩比照来判断应试人普通话水平有没有达标、达到什么等级。普通话水平划分为三个级别，每个级别内划分两个等级。其中：

97 分及以上，为一级甲等；

92 分及以上但不足 97 分，为一级乙等；

87 分及以上但不足 92 分，为二级甲等；

80 分及以上但不足 87 分，为二级乙等；

70 分及以上但不足 80 分，为三级甲等；

60 分及以上但不足 70 分，为三级乙等。

各等级具体标准见下表：

表 11-1　普通话水平测试等级标准

评价要素 等　级	语　　音	词汇、语法	语调	流畅程度
一级甲等	语音标准	词汇、语法正确无误	语调自然	表达流畅
一级乙等	语音标准，偶然有字音、字调失误	词汇、语法正确无误	语调自然	表达流畅
二级甲等	声韵调发音基本标准，少数难点音（平翘舌音、前后鼻尾音、边鼻音等）有时出现失误	词汇、语法极少有误	语调自然	表达流畅
二级乙等	个别调值不准，声韵母发音有不到位现象。难点音（平翘舌音、前后鼻尾音、边鼻音、fu-hu、z-zh-j、送气不送气、i-ü不分，保留浊塞音和浊塞擦音、丢介音、复韵母单音化等）失误较多	有使用方言词、方言语法的情况	方言语调不明显	
三级甲等	声韵调发音失误较多，难点音超出常见范围，声调调值多不准	词汇、语法有失误	方言语调较明显	
三级乙等	声韵调发音失误多，方音特征突出	词汇、语法失误较多	方言语调明显	

测试得分不满 60 分，属于"不入级"。

二、普通话水平测试测什么

（一）测试目标

普通话水平测试是对应试人使用普通话规范程度、熟练程度的检测和评定，是对语音、词汇、语法三个语言要素的综合考查。

（二）测试内容

就测试内容而言，普通话水平测试命题内容来自《普通话水平测试实施纲要》（以下简称《纲要》）。考试的第一项"读单音节字词"、第二项"读多音节词语"使用的 200 个音节，均选自《纲要》中的"词语表"。《纲要》还指定 50 篇朗读作品和 50 个说话话题作为"朗读短文"和"命题说话"的出题范围，测试用的朗读作品和说话话题全都包含在其中。

《纲要》的作用非常重要。首先，它不仅对测试工作具有规范和指导作用，而且可以保障公平考试。通过《纲要》，考生可以进一步了解具体的测试要求、试卷构成、评分标准以及测试的内容、范围等，这些信息可以帮助考生有针对性地准备考试。其次，《纲要》不仅是测试的依据，也是学习普通话的材料。《纲要》指定 50 篇朗读作品和 50 个话题，作为测试中朗读项和说话项的测试内容。其选取的文章，都是现当代较为典范的作品；说话话题紧紧围绕日常生活，基本上分为叙述类、说明类、议论类三个类型，内容宽泛、贴近生活。我们平时可以依靠这些材料来进行训练。总之，合理使用《纲要》，充分利用这些学习材料，可以帮助我们更好地提高普通话的学习效果。

三、普通话水平测试怎么测

"怎么测"包括两个问题，一是普通话水平测试考什么，二是普通话水平测试是如何组织安排的。

（一）试卷构成

首先，我们需要了解普通话水平测试中各项的题型、考试目的和相应的评分标准。

1.题型

普通话水平测试试卷由五个部分构成——读单音节字词、读多音节词语、选择判断、朗读短文和命题说话，这五个部分也就是五种题型。其中"选择判断"测试项，目的在于测查应试人掌握普通话词汇、语法的规范程度，各省、自治区、直辖市语言文字工作部门可根据情况决定是否免测，因此，本书主要介绍其他四种题型的情况。

2.测试目的

每个测试题型都体现了不同的测查目的。

表 11-2 普通话水平测试各项测查目的

题型	第一项（10分）读单音节字词	第二项（20分）读多音节词语	第三项（30分）朗读短文	第四项（40分）命题说话
题量	100 个音节	100 个音节	400 个音节	说满 3 分钟

续表

要求	每个声母出现次数一般不少于3次，每个韵母出现次数一般不少于2次，4个声调出现次数大致均衡。	声母、韵母、声调出现次数与第一项相同。上声与上声相连的词语不少于3个，上声与非上声相连的词语不少于4个，轻声不少于3个，儿化不少于4个（应为不同的儿化韵母）。	考核范围为50篇朗读作品	考核范围为50个说话话题，由应试人从给定的2个话题中选定1个话题，单向说话。
测试目的	测查应试人声母、韵母、声调读音的标准程度。	测查应试人声母、韵母、声调和变调、轻声、儿化读音的标准程度。	测查应试人声母、韵母、声调读音标准程度的同时，重点测查连读音变、停连、语调以及流畅程度。	测查应试人在无文字凭借的情况下说普通话的水平，重点测查语音标准程度、词汇语法规范程度和自然流畅程度。

可以看出，四个测试项的内容安排由简单到复杂，考试难度由易到难。

3. 评分标准

普通话水平测试试卷采用的是百分制，各项分值分别是：第一项10分，第二项20分，第三项30分，第四项40分。

评分标准涉及错误、缺陷、自然流畅等多项内容，同时还采用定量和定性相结合的原则，来对应试人普通话水平进行科学评定。

各项评分标准如下：

表 11-3　普通话水平测试评分标准

题型	评分标准
读单音节字词	1. 语音错误，每个音节扣 0.1 分。
	2. 语音缺陷，每个音节扣 0.05 分。
	3. 超时 1 分钟以内，扣 0.5 分；超时 1 分钟以上（含 1 分钟），扣 1 分。

题型		评分标准
读多音节词语		1. 语音错误，每个音节扣 0.2 分。
		2. 语音缺陷，每个音节扣 0.1 分。
		3. 超时 1 分钟以内，扣 0.5 分；超时 1 分钟以上（含 1 分钟），扣 1 分。
朗读短文		1. 每错 1 个音节，扣 0.1 分；漏读或增读 1 个音节，扣 0.1 分。
		2. 声母或韵母的系统性语音缺陷，视程度扣 0.5 分、1 分。
		3. 语调偏误，视程度扣 0.5 分、1 分、2 分。
		4. 停连不当，视程度扣 0.5 分、1 分、2 分。
		5. 朗读不流畅（包括回读），视程度扣 0.5 分、1 分、2 分。
		6. 超时扣 1 分。
命题说话	1. 语音标准程度	一档：语音标准，或极少有失误。扣 0 分、0.5 分、1 分。
		二档：语音错误在 10 次以下，有方音但不明显。扣 1.5 分、2 分。
		三档：语音错误在 10 次以下，但方音比较明显；或语音错误在 10 次—15 次之间，有方音但不明显。扣 3 分、4 分。
		四档：语音错误在 10 次—15 次之间，方音比较明显。扣 5 分、6 分。
		五档：语音错误超过 15 次，方音明显。扣 7 分、8 分、9 分。
		六档：语音错误多，方音重。扣 10 分、11 分、12 分。
	2. 词汇语法规范程度	一档：词汇、语法规范。扣 0 分。
		二档：词汇、语法偶有不规范的情况。扣 0.5 分、1 分。
		三档：词汇、语法屡有不规范的情况。扣 2 分、3 分。
	3. 自然流畅程度	一档：语言自然流畅。扣 0 分。
		二档：语言基本流畅，口语化较差，有背稿子的表现。扣 0.5 分、1 分。
		三档：语言不连贯，语调生硬。扣 2 分、3 分。
	4. 缺时	说话不足 3 分钟，酌情扣分：缺时 1 分钟以内（含 1 分钟），扣 1 分、2 分、3 分；缺时 1 分钟以上，扣 4 分、5 分、6 分；说话不满 30 秒（含 30 秒），本测试项成绩计为 0 分。

需要说明的是，计算机辅助普通话水平测试对评分标准略有调整。一是"读单音节字词"和"读多音节词语"测试项不再记缺时分，应试时间由计算机控制，超过规定答题时间后，计算机自动进入下一项考试流程，未能完成的试题按照错误计算。二是"命题说话"测试项，针对机辅测试中的特殊现象增加了"离题、内容雷同"和"无效话语"评分项，具体规定是："离题、内容雷同，视程度扣4分、5分、6分"；"无效话语，累计占时酌情扣分：累计占时1分钟以内（含1分钟），扣1分、2分、3分；累计占时1分钟以上，扣4分、5分、6分；有效话语不满30秒（含30秒），本测试项成绩计为0分。"

（二）测试方式

关于测试组织问题，早期普通话水平测试是人工测试，由测试员对应试人进行面对面评测，测试员在考试过程中，一边评分，一边引导应试人应试。随着语音识别技术的发展和应用，从2007年开始，人工测试逐步被计算机辅助普通话水平测试取代，现在的测试方式是机辅测试，应试人面对计算机进行考试。机辅测试不考"选择判断"，考试使用的是四项试题，前三项由计算机评分，第四项由测试员人工评分。全国普通话水平测试实行统一的网络化管理。

因为机辅测试主要靠应试人自己上机操作来完成考试，所以考生一定要了解测试流程才能保证考试顺利进行。

（三）计算机辅助普通话水平测试流程

因为受到测试设备的限制，一般情况下，计算机辅助普通话水平测试在固定的测试站点进行，应试人网上报名后，需要在规定的时间到申请的测试站点参加考试。目前，全国共计建有约2000个计算机辅助普通话水平测试站点，各省测试站点在网络上均有公布，应试人如有需要可以自行上网查询。

计算机辅助普通话水平测试流程包括候测和测试。每个测试站点根据测试流程一般会设置候测室和测试室。具体步骤和注意事项如下：

1. 候测

考生按照规定的时间持二代身份证、准考证到测试站点报到，进入候测室等待考试。

2. 测试

应试人根据考场指令进入测试室准备进行考试。考试过程的具体操作步骤包括：佩戴耳机、考生登录、核对信息、准备试音、试音、正式测试。

各地语言文字培训测试网上有计算机辅助普通话水平测试应试指南和测试流程的演示动画，大家可以通过上网查看更多详细的信息。

参考文献

［1］白宛如．广州方言词典［M］．南京：江苏教育出版社，1998.

［2］北京大学中文系现代汉语教研室．现代汉语（增订本）［M］．北京：商务印书馆，2012.

［3］陈刚．北京方言词典［M］．北京：商务印书馆，1985.

［4］陈光磊．改革开放中汉语词汇的发展［M］．上海：上海人民出版社，2008.

［5］陈原．语言和人［M］．北京：商务印书馆，2003.

［6］董树人．新编北京方言词典［M］．北京：商务印书馆，2010.

［7］杜青．普通话语音学教程（第2版）［M］．北京：中国广播电视出版社，2009.

［8］符淮青．现代汉语词汇［M］．北京：北京大学出版社，1985.

［9］付程．实用播音教程 第二册 语言表达［M］．北京：北京广播学院出版社，2002.

［10］高艾军，傅民．北京话词典［M］．北京：中华书局，2013.

［11］国家教育委员会师范教育司．教师口语（试用本）［M］．北京：语文出版社，1994.

［12］国家语言文字工作委员会普通话培训测试中心．普通话水平测试实施纲要［M］．北京：商务印书馆，2004.

［13］韩玉华.普通话水平测试发展历程［M］.北京：语文出版社，2014.

［14］胡裕树.现代汉语（重订本）［M］.上海：上海教育出版社，2019.

［15］胡裕树.现代汉语参考资料［M］.上海：上海教育出版社，1980.

［16］黄伯荣.汉语方言语法类编［M］.青岛：青岛出版社，1996.

［17］黄伯荣，李炜.现代汉语学习参考［M］.北京：北京大学出版社，2013.

［18］黄雪贞.梅县方言词典［M］.南京：江苏教育出版社，1995.

［19］黄翊.从字音走向会话——论普通话水平培训测试的两个重点［C］//首届全国普通话水平测试学术研讨会论文集.北京：语文出版社，2003.

［20］蒋冰冰.论网络语言［N］.语言文字周报，2006-12-20（3）（4）.

［21］教育部语言文字应用管理司.新时期语言文字法规政策文件汇编［M］.北京：语文出版社，2005.

［22］黎锦熙.国语运动史纲［M］.北京：商务印书馆，2011.

［23］李钢，王宇红.汉语通用语史研究［M］.北京：中国广播电视出版社，2007.

［24］李昕，赵俐.实用口语表达与播音主持（第2版）［M］.北京：中国传媒大学出版社，2016.

［25］李宇明.为脱贫贡献"语言之力"［N］.光明日报，2019-09-21（12）.

［26］路艳霞.《现代汉语词典》第6版面世 新词收入显人文关怀［N］.北京日报，2012-7-16（15）.

［27］倪海曙.清末汉语拼音运动编年史［M］.上海：上海人民出版社，1959.

［28］邵敬敏.现代汉语通论（第3版）［M］.上海：上海教育出版社，2016.

［29］史有为.汉语外来词［M］.北京：商务印书馆，2000.

［30］宋欣桥.普通话语音训练教程［M］.北京：商务印书馆，2017.

［31］宋欣桥.试论普通话水平测试（PSC）［C］//首届全国普通话水平测试学术研讨会论文集.北京：语文出版社，2003.

［32］王晖.普通话水平测试阐要［M］.北京：商务印书馆，2013.

［33］王劲松.普通话与口才训练（第2版）［M］.合肥：安徽大学出版社，2011.

［34］王理嘉.汉语拼音运动与汉民族标准语［M］.北京：语文出版社，2003.

［35］王敏，刘朋建.外语中文译写规范工作的原则与方法——兼及新时期国家语言文字规范服务工作的特点［J］.语言文字应用，2014（03）.

［36］王明军，阎亮.影视配音艺术［M］.北京：中国传媒大学出版社，2015.

［37］吴弘毅.实用播音教程 第一册 普通话语音和播音发声［M］.北京：北京广播学院出版社，2002.

［38］邢捍国.普通话培训测试教程［M］.北京：北京大学出版社，2005.

［39］熊正辉.南昌方言词典［M］.南京：江苏教育出版社，1995.

［40］徐世荣.北京土语辞典［M］.北京：北京出版社，1990.

［41］许宝华，汤珍珠.上海市区方言志［M］.上海：上海教育出版社，1988.

［42］许宝华，陶寰.上海方言词典［M］.南京：江苏教育出版社，1997.

［43］姚喜双，韩玉华，聂丹，等.普通话水平测试概论［M］.北京：高等教育出版社，2011.

［44］游汝杰，邹嘉彦.社会语言学教程（第三版）［M］.上海：复旦

大学出版社，2016.

［45］曾志华，吴洁茹，熊征宇，等．普通话训练教程（第 2 版）［M］．北京：中国传媒大学出版社，2017.

［46］詹伯慧．汉语方言及方言调查［M］．武汉：湖北教育出版社，1991.

［47］张颂．朗读学［M］．北京：北京广播学院出版社，1999.

［48］张颂．中国播音学［M］．北京：北京广播学院出版社，2003.

［49］赵俐．普通话教学新路［M］．北京：中国广播电视出版社，2007.

［50］中国传媒大学播音主持艺术学院．播音主持创作基础［M］．北京：中国传媒大学出版社，2015.

［51］周长楫．厦门方言词典［M］．南京：江苏教育出版社，1998.

［52］周梅．普通话水平测试手段探究［M］．合肥：安徽人民出版社，2017.

［53］周庆生．语言与人类［M］．北京：中央民族大学出版社，2000.

［54］周莹．实用汉语口语表达［M］．杭州：浙江工商大学大学出版社，2010.

［55］周有光．汉字改革概论（第三版）［M］．北京：文字改革出版社，1979.

［56］周振鹤．从方言认同、民族语言认同到共通语认同［N］．文汇报，2008-05-05（12）.

［57］朱德熙．语法讲义［M］．北京：商务印书馆，1982.

附 录

普通话水平测试样卷

一、读单音节字词（100个音节，共10分，限时3.5分钟）

昼	八	迷	先	毡	皮	幕	美	彻	飞
鸣	破	捶	风	豆	蹲	霞	掉	桃	定
宫	铁	翁	念	劳	天	旬	沟	狼	口
靴	娘	嫩	机	蕊	家	跪	绝	趣	全
瓜	穷	屡	知	狂	正	衰	中	恒	社
槐	事	轰	竹	掠	茶	肩	常	概	虫
皇	水	君	人	伙	自	滑	早	绢	足
炒	次	渴	酸	勤	鱼	筛	院	腔	爱
鳌	袖	滨	竖	搏	刷	瞭	帆	彩	愤
司	滕	寸	恋	岸	勒	歪	尔	熊	妥

二、读多音节词语（100个音节，共20分，限时2.5分钟）

取得	阳台	儿童	夹缝儿	混淆	衰落	分析	防御
沙丘	管理	此外	便宜	光环	塑料	扭转	加油
队伍	挖潜	女士	科学	手指	策略	抢劫	森林
侨眷	模特儿	港口	没准儿	干净	日用	紧张	炽热

群众　名牌儿　沉醉　快乐　窗户　财富　应当　生字
奔跑　晚上　卑劣　包装　洒脱　现代化　委员会　轻描淡写

三、朗读短文（400个音节，共30分，限时4分钟）

（作品37号）

　　我们的船渐渐地逼近榕树了。我有机会看清它的真面目：是一棵大树，有数不清的丫枝，枝上又生根，有许多根一直垂到地上，伸进泥土里。一部分树枝垂到水面，从远处看，就像一棵大树斜躺在水面上一样。

　　现在正是枝繁叶茂的时节。这棵榕树好像在把它的全部生命力展示给我们看。那么多的绿叶，一簇堆在另一簇的上面，不留一点儿缝隙。翠绿的颜色明亮地在我们的眼前闪耀，似乎每一片树叶上都有一个新的生命在颤动，这美丽的南国的树！

　　船在树下泊了片刻，岸上很湿，我们没有上去。朋友说这里是"鸟的天堂"，有许多鸟在这棵树上做窝，农民不许人去捉它们。我仿佛听见几只鸟扑翅的声音，但是等到我的眼睛注意地看那里时，我却看不见一只鸟的影子。只有无数的树根立在地上，像许多根木桩。地是湿的，大概涨潮时河水常常冲上岸去。"鸟的天堂"里没有一只鸟，我这样想到。船开了，一个朋友拨着船，缓缓地流到河中间去。

　　第二天，我们划着船到一个朋友的家乡去，就是那个有山有塔的地方。从学校出发，我们又经过那"鸟的天堂"。

　　这一次是在早晨，阳光照在水面上，也照在树梢上。一切都 //显得非常光明。我们的船也在树下泊了片刻。

　　起初四周围非常清静。后来忽然起了一声鸟叫。我们把手一拍，便看见一只大鸟飞了起来，接着又看见第二只，第三只。我们继续拍掌，很快地这个树林就变得很热闹了。到处都是鸟声，到处都是鸟影。大的，小的，花的，黑的，有的站在枝上叫，有的飞起来，在扑翅膀。

四、命题说话（请在下列话题中任选一个，共 40 分，限时 3 分钟）

1. 童年生活

2. 我的兴趣爱好